クラシック音楽の歴史

中川右介

角川文庫
20554

はじめに

この本は、クラシック音楽の歴史を数時間で読めるものを作ろうという、かなり無謀な試みである。書名は、「音楽史」でも「西洋音楽史」でもなく、あえて、「クラシック音楽の歴史」とした。

実は、「クラシック音楽入門」というようなタイトルの本はたくさんあるが、「クラシック音楽史」というようなタイトルの本は、ざっと調べたところ、見つからなかった。一方で「音楽史」「西洋音楽史」がタイトルに含まれる本ならば、山ほどある。そして、そのような「音楽史」の本で書かれている「音楽」のほとんどはクラシック音楽なのだ。「文学史」「美術史」が古典的名作と天才作家・画家のことしか書かれていないのと同じだ。

つまり、「音楽史に残るような音楽」というのが、「クラシック音楽」なのだが、「クラシック音楽」というのは、学問的な言葉ではないので、学者が書く本の場合、「西洋音楽史」などとしなければならなくなる。

狭義の「クラシック音楽」、つまり「古典派音楽」とは十八世紀後半から十九世紀初頭にかけてウィーンを中心とした地域で流行した音楽のことを言う。だが、この本が扱うのは広義のクラシック音楽で、ルネサンス時代から、ごく最近までの音楽を扱う。

それでも、「クラシック音楽史」としたのは、新たな学説を打ち立てようというような深い意味はなく、大きなレコード店の「クラシック音楽フロア」に置かれている音楽全般について書くからだ。グレゴリオ聖歌以降、ルネサンス時代の音楽も、バロックも古典派もロマン派も、二十世紀の現代音楽も、みな「クラシック音楽」のフロアにある。そういう感覚的な分類での、クラシック音楽の歴史を書く。

本のページの進行と大きな時間の流れとはほぼ一致し、人物や事件、あるいは概念・専門用語といった九九のトピックごとの一話完結となっている。一項目ごとに独立しているが、通して読めば、歴史の流れも分かる、という「短編連作」的な構成だ。だから、興味のある項目だけを拾い読みしていただいてもいいし、最初のページから通読していただいてもいいし、あるいは、最後のページからさかのぼっていただいてもかまわない。一話完結のため、重複する記述もあるのはご容赦いただきたい。一〇〇にしなかったのは、「完全」なものなどない、という意味をこめた。

九九項目の見出し語のうち、音楽家の名前が五一項目で、全体の半分強となっている。つまり、人物事典の要素が強い。これは、「ほんのひと握りの天才によって歴史は作られる」という英雄史観に基づいているからに他ならない。マルクス主義歴史観の方からは怒られそうだが、「面白く読める藝術史」を書く場合、天才列伝となるのだ。

もちろん、天才が才能を発揮するには、その社会・経済状況を無視してはならない。下部構造の変化によって上部構造たる藝術・文化は変化するからだ。あるいは、藝術家の感性が時代の変化を先取りして感知し、先行することもある。「歌は世につれ世は歌につれ」とはそういう意味だろう。

音楽家たちがどのような社会・経済構造のなかで音楽を生み出していったか、フランス革命やロシア革命という社会・経済構造の変化によって音楽がどう変化してきたかも、読み取れるようにしたつもりだ。

名曲、代表曲は紹介するが、どの演奏で聴いたらいいかというCD案内はない。私がクラシックを聴き始めた少年時代、つまり一九七〇年代までは「名盤信仰」があったが、いまやその信仰は廃れたからだ。当時はLPレコードが二千数百円と他の物価とくらべて高く、簡単には買えなかったので、評論家・専門家が選ぶ「名盤」の情報が必要とされた。推薦・紹介文を読んで何種類もの同曲異盤から選ばなければ、いくらあっても足りなかったが、いまや過去の巨匠たちの名演は数百円もしない。ネット上にはフリーの音源が溢《あふ》れている。さらに、昔はどんな名曲でも数種類しか録音がなく、その中から選べばよかったが、いまや同曲異録音の数はとてつもなく、すべてを聴いているわけではないので、責任をもって名盤を選ぶことなど不可能なのである。

目次

第Ⅲ章　古典派

第Ⅳ章　前期ロマン派

第V章　後期ロマン派

第Ⅵ章　二十世紀

第Ⅰ章　古代〜ルネサンス

1 人類最古の音楽

西洋音楽の起源は古代ギリシャにまでさかのぼる。だが、西洋音楽だけが音楽ではない。東洋にもアフリカにも南北のアメリカ大陸にも、古代から音楽は存在していたはずだ。

というよりも、いまの人類よりも前に地球に登場していたネアンデルタール人も歌っていたらしい。彼らは言語はもっていなかったが、音楽はもっていたらしいのだ。

このことはヒトの発育過程をみても理解できる話だ。言葉が理解できない赤ん坊でも音楽には反応する。「マタニティ・モーツァルト」というようなCDが売れたこともあり、クラシックは胎教にいいとされている——ということは、胎児でも音楽に反応するということだ。理解するとか、感動するとかいうレベルではないにしても。

認知考古学者スティーヴン・ミズンが書いた『歌うネアンデルタール——音楽と言語から見るヒトの進化』（邦訳、早川書房）によると、音楽は進化の過程で「言語」の副産物として誕生したのではなく、その逆だったという。ネアンデルタール人は言葉によらず、歌（メロディーだけであろうが）でコミュニケーションをとっていた。その後の人類は言語を獲得したので、意思の疎通は言語で行なうようになり、音楽は感情表現の手段にまわったという。言語と音楽とが役割分担されたのだ。

もちろん仮説だが、興味深い。

人類が音楽を奏でていたという証拠として、最も古いとされているのは、ドイツのウルム近郊の洞窟で発見されたシロエリハゲワシの翼の骨で作られた笛で、約三万五〇〇〇年前のものと推定される。この時代のことは「歴史」としては何も分かっていない。王朝など、歴史が分かっている時代としては、古代メソポタミアのウル王朝の遺跡の墓から、ハープ、管楽器、打楽器などが出土し、紀元前二五〇〇年頃のものとされている。

「クラシック音楽」の誕生は西暦一六〇〇年前後なので、音楽の歴史全体のなかでは、ごく最近の「新しい音楽」にすぎない。さらにいえば、「クラシック音楽」は地球全体のなかでは、ヨーロッパという狭い地域で誕生・発展したものにすぎない。

それが、西洋文明が全世界を制覇したのと同じように、世界音楽全体の上に君臨するようになった。というよりも、西洋文明が世界を制覇するための道具のひとつとして、音楽は使われたとも言える。

2 最古の「クラシック音楽」

レコード店に行けばクラシック・コーナーのなかに、「宗教曲」というジャンルがあり、大きなスペースを占めている。日本のキリスト教徒人口の比率から考えると、異様なほどである。といって、クラシック・ファンの多くがキリスト教徒だというわけではないだろう。宗教曲のCDを買って聴いていても、信仰は持っていない人のほうが圧倒的だ。ようするに、音楽作品として宗教曲を聴いているだけで、信仰しているわけではない。キリストの誕生を祝ってもいないのに、クリスマス・ケーキを食べるのと同じようなものである。

クラシック・ファンが、信じてもいない宗教の曲を聴いているのは、クラシックとキリスト教は切っても切れない関係だからだ。大作曲家のほとんどがミサ曲、レクイエムなどを作曲している。このような宗教曲を無視してはその作曲家について語ることができないので、聴いている。

その教会音楽の代表で、二十世紀の終わりにヒーリング（癒《いや》し）系音楽がブームになったときに、ベストセラーになったのが「グレゴリオ聖歌」のCD。この聖歌が、「最古のクラシック音楽」といわれている。この曲はカトリック教会の典礼のための聖歌で、楽器の伴奏はなく、聖歌隊による歌のみ。五九〇年から六〇四年にかけて教皇の座にあった、グレゴリウス一世が集成したので、「グレゴリオ聖歌」と呼ばれていた。しかし、現在の研究では、グレゴリウス一世よりも後の時代らしい。

「グレゴリオ聖歌」が「最古のクラシック音楽」とされているのは、「いまも演奏する（歌う）ことができる最古の曲」という意味だ。つまり「楽譜」がのこっている最古の音楽なのだ。それ以前の音楽でも楽譜らしきものがのこっているものもあるが、読解できないので演奏できない。たとえば古代エジプトでどんな音楽が奏でられていたのかは、空想するしかない。日本の平安時代の音楽も、テレビドラマなどで演奏されているのは、こんなものだろうと想像して作ったもので、当時のものがずっと伝わっているものではない。

そんな無数の「昔の音楽」のなかで、教会音楽は、それを記録しておく楽譜があったので、いまも再現が可能なわけだ。

現存する最古の「聖歌」が記録されている楽譜は「ビザンチン・ネウマ譜」と呼ばれるもので、九〇〇年前後のもの。あくまで、おおまかな旋律の動きを記しただけのものだった。「グレゴリオ聖歌」は一本の旋律しかない音楽（モノフォニー）だったので、それで充分だったのである。やがて、十二世紀から十三世紀にかけて、パリのノートルダム大聖堂を中心に活躍した人々（ノートルダム楽派という）が、複数の旋律からなる音楽（ポリフォニー）を生み発展させた。こうして、音楽は複雑になっていくのである。

現在使われている五線譜の楽譜の原型が誕生するのは十五世紀半ば。これによって、音の高さと長さが記録できるようになった。曲の構成要素のかなりの部分が、記録できるようになったのである。

映画やドラマなどでは、小説家が原稿用紙に向かうのと同じように作曲家が五線譜にペンを走らせて作曲しているシーンがよく登場する。しかし、最初の楽譜は「創作」のためのものではなく、あくまで「記録」のためのものだった。

そもそも、「藝術家」「創作者」としての作曲家が登場するのは、バロック時代になってからなのである。

3 楽譜

絵画は描かれた「絵」が、そのまま「作品」となるが、音楽の場合、「楽譜」が作品なのか「演奏」が作品なのか、という問題がある。つまり、作曲家が楽譜を書いた時点で作品は完成するのか。それとも、演奏されて初めて音楽になるわけだから、そのときが「完成」なのか。

考えてみれば、楽譜のない時代から音楽は存在したわけだから、やはり、演奏されて初めて音楽になるような気がするが、ここでは「楽譜」の歴史を辿《たど》ってみよう。

現存する最古の楽譜は、前項で記したように九〇〇年ごろの教会のもので、今日の五線譜の楽譜のルーツとなる。とはいえ最初期のものは五線譜どころか、一本も線はなく、音の長さと高さを曲線と直線で表していたものだった。十世紀頃から、譜線を用いるようになり、十三世紀には四本の線の上に旋律の上下を示す記号（ネウマという）を使うようになり、十五世紀になると五線譜になるのである。

この楽譜の発明によって、ローマで作られた聖歌がヨーロッパ中に広がった。それまでの聖歌は口承で伝えていたわけだから、地域によっては、最初のものとかなり異なっていたのかもしれない。

五線譜の楽譜は、やがて音の高さを示せるだけではなく、長さも示せるようになる。四分音符とか八分音符などで一音ごとの長さが決まり、さらに小節で区切ることによってリズムも示せるようになる。つまり、音楽における規則性・法則性が整備されていった。

印刷技術が誕生するまでは、楽譜も手で書き写されていた。では、楽譜はいつ頃から印刷されるようになったのだろうか。

グーテンベルクが活版印刷術を発明したのは一四五〇年ごろのことだが、それから五十年後の一五〇一年にヴェネツィアで出版された「Harmonice Musices Odhecaton A（多声音楽の百の歌）」が、最古の印刷楽譜とされている。オッタヴィアーノ・ペトルッチという印刷業者の手によるもので、教会音楽ではなく、世俗音楽と呼ばれるもの。

この時代は、いまのように写真製版技術はないので、最初に楽譜の線だけ印刷し、その「線を印刷した紙」に音符を印刷し、最後に歌詞などを印刷するという工法がとられていた。つまり、一枚の紙を何度も刷る、多色刷りの版画のような方式だった。

4 ルネサンス音楽

音楽にも「ルネサンス音楽」と呼ばれる作品群があり、十五世紀から十六世紀の音楽のことをいう。しかし、美術における「ルネサンス」という言葉には、古代のギリシャ・ローマ時代の文化の「再生」「復興」という明確な意識があったのに対し、音楽でいう「ルネサンス」は単なる時代区分としての名称、つまり「『美術のルネサンス時代』の音楽」にすぎない。そのため最近ではその前の中世の音楽とあわせて「初期音楽」(early music) と呼ぶこともある。

ジョン・ダンスタブル

また、ルネサンス時代の音楽すべてが「ルネサンス音楽」なのではない。キリスト教会で歌われていた宗教曲のことをいう。というのも、音楽は絵画や彫刻と異なり、その場で消えてしまうもので、当時どのような音楽が存在したかは、実証できないのである。そのため、楽譜が現存する教会の音楽しか、学問としては存在が認められていない。

もちろん、農民たちは祭りのときに歌ったり踊ったり、楽器を奏でたりしたはずだ。それは日本でも同じだが、そうした「民謡」は、音楽史では正式に採り上げられない。ルネサンス音楽のCDもあるので、聴こうと思えば聴ける。だが、コンサートで演奏されることはまずない。かなりマニアックな世界である。

音楽史はイタリア・ドイツが中心に語られるが、このルネサンス時代の音楽は、イギリスで発展した。イギリスのジョン・ダンスタブル（一三九〇頃〜一四五三）という作曲家が、ルネサンス音楽誕生に重要な役割を果したとされる。詳しい経歴は分からないが、ミサ曲をはじめ五十作品ほどが現存しているという。

このダンスタブルなる人物の功績は、百年戦争の末期、一四二二年から三五年頃にフランスにいて、その地のブルゴーニュ楽派にイギリス独自の三度と六度を多用する和音を伝えたことだという。それがフランスにもとからあった優美な旋律と結びついて、新たな音楽になった——という具合に、このあたりの話はかなり専門的になってくる。

ルネサンス美術はイタリアが発祥の地だ。しかし音楽においては、フランスのブルゴーニュ公国やフランドル地方が中心であり、イタリアで活躍する音楽家の多くも、その地方の出身者であった。イタリアが音楽の中心にして先進地域になるのは、バロック時代なのだ。後に「クラシックの本場」となるドイツは、音楽においてはさらに後進地域である。

ルネサンス時代の音楽家は、コンサートやCD、ネット配信で、収入を得ているわけではない。楽譜の出版で収入を得るのもまだ先の話。彼らは教会か宮廷に雇われていた、いまでいう会社員だった。教会の音楽家は宗教儀式のための音楽を作曲し、国王や貴族の宮廷の音楽家は儀式や貴族の娯楽のための音楽を作っていた。自分の内なる藝術的欲求にかられて作曲するなどということはありえない。

いまでいう「魂を売った」音楽家たちばかりだったのである。といって、それが当たり前だったので、彼らを責めることはできない。音楽そのものが、「藝術」ではなく、実用のためのものだった。宗教曲はようするに声楽なので、合唱で演奏するわけだが、ルネサンス時代には伴奏には楽器が用いられるようになっていた。こうした楽器の発展があって、バロック時代を迎えることができたのである。

第Ⅱ章　バロック

5 バロック音楽

西洋音楽の時代区分のひとつに、「バロック音楽」がある。一六〇〇年ごろに始まり、一七五〇年まで続いたとされている。終わりの年として確定されている「一七五〇年」というのは、バッハが死んだ年だ。

ようするに、バッハの死とともにバロック音楽の時代は終わるわけだ。もちろん、はるか後になってからそう言われるようになったわけで、バッハが死んだとき、「これでバロック音楽の時代は終わった」などとは、誰も思わなかったのである。というよりも、「バロック音楽」という言葉すら、なかった。この時代の音楽をバロックと呼ぶようになるのは、実に二十世紀に入ってからなのだ。

「バロック」と呼ばれている音楽が生まれたのはイタリアのフィレンツェで、一六〇〇年をバロック時代が始まった年とするのが一般的だ。日本史では関ヶ原の合戦の頃である。

一六〇〇年からとするのは、単に区切りがいいからではない。一六〇〇年に上演されたオペラ《エウリディーチェ》は楽譜が現存している最古のものなので、この年をバロック元年とするわけである。

音楽史は「歴史」の一種なので、どうしても文献重視で記述される。物的証拠としての文書が存在しないものは、この世にあったと証明できないので、学問的にはなかったも同じなのだ。常識的に考えて、《エウリディーチェ》という作品があれば、それに先行するものだってあるはずだが、現物がない以上は、「あった」とは書けない。だから、論じられない。

さて、「バロック」といえば、美術にもバロックと呼ばれるものがある。というよりも、もともとは美術用語だったものが、音楽に援用されたのである。「バロック」とはポルトガル語で「ゆがんだ真珠」という意味で、けっして褒め言葉ではない。むしろ、否定的なニュアンスの言葉だった。それが十九世紀になって、イタリアで十七世紀に流行した美術様式の名称として使われるようになった。それにともない、この時代を「バロック時代」と呼ぶので、「バロック時代の音楽」を「バロック音楽」と呼ぶようになった。バロック様式の絵画は暗くグロテスクな作品が多いが、音楽のほうのバロックは、どちらかというと、軽やかできらびやかである。

6 オペラ

「ルネサンス」とは古代ギリシャ・ローマの文化の復興だった。古代ギリシャの文化で有名なものにギリシャ悲劇がある。ギリシャ神話と並び、世界文学史上最も初期のものとして位置づけられている。当然、ルネサンス時代の人々はこのギリシャ悲劇も（当時としての）「現代風」にして復活させようと考える。だがその動きはかなり遅く、十六世紀も終わりになってからだった。これがオペラへと発展する。

オペラは「歌劇」と訳されるが、イタリア語の言葉としては単に「作品」という意味。それが特定の演劇・音楽ジャンルのことになった。

最古のオペラとされているのが一五九八年にフィレンツェで上演されたらしい《ダフネ》という作品。タイトルから分かるように、ギリシャ神話に基づくもので、リヌッチーニという台本作家とヤコポ・ペーリという作曲家による。だが、楽譜などが一部分しか現存していないので、全体としてどんな作品だったのかは分からない。一六〇〇年に上演された《エウリディーチェ》（ペーリとカッチーニの作曲）が現存する最古のオペラとなる。これは作品としてはたいしたことがないらしく、いまではほとんど上演されない。歴史的価値があるというだけである。

いまも上演される最古の作品となるのが、クラウディオ・モンテヴェルディ作曲の《オルフェオ》で、一六〇七年にマントヴァで上演された。

オペラは歌によって劇が進行していく形式の演劇だが、最初は「歌」といっても、セリフに節がついたような感じのものだった。やがて本格的な歌となり、伴奏楽器も規模が大きくなり、複雑になっていく。この器楽部分が発展して交響曲になる。そういう点からも、オペラはクラシック音楽にとって重要なのである。

オペラ誕生の一六〇〇年前後は、イギリスでシェイクスピアが活躍していた時期にあたる。シェイクスピア作品は全篇が「詩」だとも言える。その台本は残っているが楽譜はない。つまり、舞台では役者たちは歌うようにセリフを発していたはずだ。その台本は残っているが楽譜はない。日本でも十七世紀初頭に歌舞伎が誕生したが、当時の歌舞伎は女性による舞踏劇で、こんにちの歌舞伎とはだいぶ違う。歌舞伎作品で現在でもレパートリーとして上演されているものは元禄《げんろく》時代以降のもので、十七世紀初頭のものは、台本も何も残っていない。

そう考えると、イタリアのオペラがこの時点で楽譜に記された音楽劇だったのは、かなり変わっている。そのおかげで、音楽的な演劇は世界各地に太古の昔から存在しただろうが、「紙に記録された作品」として現存するものは、イタリアのオペラが最古のものとされる。

オペラとともに、その音楽を担当するオーケストラも生まれた。オーケストラの発展がバロック音楽のひとつの特徴で、独奏楽器とオーケストラとが合奏する「協奏曲(コンチェルト)」という形式が誕生した。

オペラに似ているものとして「オペレッタ」がある。「軽歌劇」と訳されることもあるが、最近は「オペレッタ」とすることが多い。大衆的なオペラのことで、内容は喜劇が多い。十九世紀後半から二十世紀前半が全盛期で、オッフェンバックの《天国と地獄》、レハールの《メリー・ウィドウ》などが代表作。大衆的な音楽劇の座がミュージカルに移ると、オペラ・ファンは高尚なものを好むため、オペレッタは中途半端なジャンルになった。

似ているもうひとつが、「オラトリオ」。しいて訳せば「聖譚曲《せいたんきょく》」だが、カタカナで用いられることがほとんど。独唱、合唱、オーケストラによって演奏される音楽劇の一種だが、舞台装置や衣装はなく、演技はしない。オペラから演劇的要素を取り除いたものと考えればよい。題材は宗教的なものがほとんどであるため、日本ではなじみが薄かったが、近年は上演機会も増えた。ヘンデルの《メサイア》、ハイドンの《天地創造》《四季》が代表作。

オラトリオは二十世紀になるとキリスト教と関係ないものとして作られ、ストラヴィンスキーの《エディプス王》、オネゲルの《火刑台上のジャンヌ・ダルク》、ショスタコーヴィチの《森の歌》などがある。

7　モンテヴェルディ（Claudio Monteverdi　一五六七〜一六四三）

簡単な音楽史の本で最初に登場する作曲家が、クラウディオ・モンテヴェルディ。イタリアの作曲家で最初期のオペラ作曲家である。単純な時代区分でいくと、本人にはその意識はなかったはずだが、ルネサンス期とバロック期という二つの時代にまたがって活躍した。

一五六七年に北イタリアのクレモナで生まれ、少年聖歌隊に入って、音楽を学んだ。一五八三年からマントヴァ公の宮廷楽長になる。宮廷でのあらゆる音楽の作曲と演奏をする仕事で、オペラも作らなければならない。

クラウディオ・モンテヴェルディ

モンテヴェルディは少なくとも十八のオペラを作曲し、そのひとつが一六〇七年初演の《オルフェオ》。マントヴァ公から、謝肉祭の祝祭でオペラを上演するよう命じられて作ったものだった。ギリシャ神話に題材をとった五幕のオペラで、現在でも上演されるのは、それだけ作品に力があるからであろう。一六〇八年にはオペラ《マリアンナ》を上演し、またも評判となった。

モンテヴェルディはヴァイオリンを初めて合奏に取り入れ、オペラの音楽を改革した。それは感情の起伏を音楽で表現するという、画期的なことだった。《オルフェオ》が現在でも上演され、鑑賞の対象となるのは、現在にいたる音楽の基本スタイルが確立されているからだ。オーケストラの楽器を、メロディーとその装飾を担当するソロ・パートと、リズムとハーモニーを主体とする伴奏パートとに分けたのも、モンテヴェルディからとされている。

仕えていたマントヴァ公が亡くなった後、一六一三年からはヴェネツィアの聖マルコ教会寺院の楽長となり、教会音楽やオペラ、「マドリガーレ」と呼ばれるイタリアの世俗声楽曲（「世俗」というのは、ようするに、「教会とは関係がない」という意味）の作曲をしていた。

亡くなったのは一六四三年、七十六歳で、当時としては長寿だった。

《オルフェオ》以外にも、《ウリッセの帰還》《ポッペアの戴冠《たいかん》》の楽譜が現存し、現在も上演されている。

8　リュリ（Jean-Baptiste [de] Lully　一六三二～八七）

イタリアで生まれたオペラはフランスにも伝わり、独自の発展を遂げる。そのフランス・オペラの様式を確立したのが、リュリ。日本ではあまりなじみがない作曲家だ。

ジャン＝バティスト・リュリはイタリアのフィレンツェで生まれ、一六四六年からパリで暮らし、五三年にルイ十四世の宮廷楽団に入ると王室と個人的にも親しくなり、フランス貴族社会の大物となった。

オペラよりも先にバレエで名をあげた。そのせいもあって彼が確立したフランス・オペラでは、各幕の最後はバレエのシーンが入ることになった。

バレエもイタリアで生まれ、フランスに伝わった藝術である。ルイ十四世はこのバ

ジャン・バティスト・リュリ

レエの大ファンだったので、一六七〇年頃までフランス宮廷ではバレエが盛んだったのだ。リュリ自身もバレエに出演している。

また、フランスの劇作家モリエールの台本による作品もあり、ある時期、この二人は仲がよかった。二人が共作したのは「コメディ＝バレ」（舞踊喜劇）というジャンルで、一六六四年初演の《無理強いの結婚》、一六七〇年初演の《町人貴族》などがあり、モリエールとリュリ本人が出演した。

オペラは音楽と言葉とが一体となった藝術である。イタリア語とフランス語は普通の日本人には区別がつかなくても、まったく別の言語。イタリアの音楽はイタリア語に合うようにできている。それをそのままフランスにもってきて歌詞の言葉だけをフランス語にしても、完全には合わない。だから、フランス独自の音楽が必要だというのが、リュリの考え方だった。こうして、彼によってフランス独自の様式が確立された。

大物にはさまざまなエピソードがあるものだが、リュリは女性関係だけでなく、男性関係もいろいろとあったというし、かなり強引な手法で物事を進めたので、敵も多かったようだ。王立音楽アカデミー（パリのオペラ座）を手に入れて、その支配人にもなった。

9 ヴィヴァルディ（Antonio Lucio Vivaldi　一六七八～一七四一）

ヴィヴァルディの名は知らなくても、その代表作《四季》は誰もがどこかで聴いているはずだ。この曲はヴァイオリン協奏曲という、オーケストラとヴァイオリン・ソロで演奏される曲。バロック後期にはこのヴァイオリン協奏曲が大流行していたのだ。この様式を確立したのはヴィヴァルディよりも前の世代、二十五歳年長のコレッリ（一六五三～一七一三）である。ヴィヴァルディはコレッリの影響を受けた。

アントニオ・ルーチョ・ヴィヴァルディは作曲家であり演奏者でもあるが、本業はカトリック司祭だった。イタリアのヴェネツィアに生まれ、父親は理髪師にしてヴァイオリニストだった。父からヴァイオリンを学び、十歳で教会付属の学校に入り、二十五歳で司祭になった。赤毛だったので「赤毛の司祭」と呼ばれていた。ピエタ慈善院付属音楽院で教えるようになり、やがて演奏旅行で各地をまわるようになり、ウィーンで亡くなった。

ヴィヴァルディは五百を超える協奏曲を作り、そのひとつが《四季》。さらに現在発見されているだけで五十二のオペラがある。とにかく多作だったようだが、その全貌《ぜんぼう》は明らかではない。というのは、死後は完全に忘れられてしまい、二十世紀になってからいろいろな研究が始まったからだ。

アントニオ・ルーチョ・ヴィヴァルディ

ヴィヴァルディは音楽史においては、独奏協奏曲（ひとりの器楽奏者とオーケストラが演奏する曲）を確立した人物ということになっている。バロック音楽の特徴は不均衡と非調和。コンチェルト＝協奏曲は「競奏曲」という表記もあるくらいで、独奏者とオーケストラとが競い合う音楽でもある。つまり、対立の音楽で不均衡で非調和というバロックの精神そのもののジャンルといえる。もちろん完全にバラバラになったのでは音楽にならないので、大枠では音楽的調和がとれているのは言うまでもない。

ヴィヴァルディが働いていたピエタ慈善院は身寄りのない子を育てる孤児院で、男の子には船大工や石工などの職業訓練をして社会に出し、女の子は結婚しない限りはこの慈善院で生涯を過ごす仕組みだった。そして付属音楽院が設けられ、女の子の中で音楽の才能がありそうな子に徹底的な音楽教育を施した。彼女たちは、音楽院の「合奏・合唱の娘たち」として演奏活動をした。「娘」というのは、「若い女の子」という意味ではないので、かなり年配の「娘」もいた。この娘たちの演奏会は人気があり、その興行収入はピエタ慈善院の重要な収入源だった。

ピエタ慈善院付属音楽院は、ヴィヴァルディが指導するようになると音楽のレベルが上がり、その演奏会の人気はますます高まった。そればかりか貴族の娘たちがヴィヴァルディに音楽を学びたいと音楽院に入ってくる。当然、その貴族たちは多額の寄付をしたのでピエタ慈善院としても拒む理由はなかった。

ヴィヴァルディの五百あまりの作品のほとんどは、このピエタ慈善院音楽院の演奏会のために作られたものだった。当時は常に新曲が求められていたので、こんなにも大量生産したのだ。

10 《四季》

ヴィヴァルディの、そしてバロック音楽の代表曲が、一七二〇年頃に作曲された

《四季》。ヴァイオリン協奏曲で、小編成のオーケストラのコンサートマスターが指揮者も兼ねて演奏することが多い。

《四季》と呼ばれるが、そういうタイトルの曲ではなく、《春》《夏》《秋》《冬》の四曲をまとめて《四季》と呼んでいる。《春》《夏》《秋》《冬》はそれぞれが三楽章。

この曲は、春夏秋冬を音楽で描写したわけではない。季節ごとに、作者不詳のソネット（十四行で構成される定型詩）が付されている。つまり、この詩を音楽にしたのである。といって、その詩に曲をつけた「歌」ではない。このように、標題のある音楽を「標題音楽」といい、一一六ページでも詳しく触れる。

文学作品を音楽にする「標題音楽」は十九世紀半ばにロマン派音楽が始まってから本格化する。ヴィヴァルディはそれを百年以上前に手がけていたのだ。

逆に言うと、ヴィヴァルディが試みたにもかかわらず、その後の百年間、ほとんどの音楽家が「ソネットの音楽化」をしなかった。あるいは、作っていてかなりの作品があったのかもしれないが、定番の名曲として残らなかったのだ。あまり評判にならず、流行しなかった、ということなのだろうか。

《四季》は、いまでは誰もが知っている有名曲だが、ヴィヴァルディが一七四一年に亡くなると以後は忘れられていた。この曲が「発見」され、演奏されるようになるのは、二十世紀も後半。つまり、二百五十年間も忘れられていたのである。

といって、ヴィヴァルディだけが特別に無視されていたわけでもない。バロック時代は作曲家自身も含め、誰も「後世に作品を残す」という意識を持っていない。作品は作曲者の死とともに消え去るのが普通だったのだ。むしろ二百五十年後といえども楽譜が完全に消失しなかっただけ、《四季》は幸運だったと言える。我々の知らない名曲が他にもたくさんあったに違いない。

ヴィヴァルディの《四季》がこんなにも有名で、よく聴かれているのは、日本だけとも言われている。日本ではイタリアのイ・ムジチ合奏団が演奏したレコードがLP時代からベストセラーとなり、半世紀の間に二八〇万枚も売れている（何度も録音しなおされており、その累計）。イ・ムジチはメンバーを入れ替えながらも毎年のように来日し、その公演プログラムには必ず《四季》が入っている。もちろん、《四季》のCDはイ・ムジチだけではないので、すべてを合わせると何百万枚売れているのか見当もつかない。

日本人が《四季》を好きなのは、日本に四季があるからだという説がある。もっともらしいが、確証はない。音楽を聴けば分かるが、イタリアの四季は、日本とはかなり違う感じがする。春はなんとなく共通しているが、夏は涼しげだ。

11 ストラディヴァリ

最も高価な楽器で知られるのが、ヴァイオリンのストラディヴァリ。十七世紀後半から十八世紀にかけて、イタリアで弦楽器を製作していたアントニオ・ストラディヴァリが製作したものだ。このストラディヴァリの工房で作られたヴァイオリンを、「ストラディヴァリ」という（「ストラディヴァリウス」ともいう）。現存するのは約六百で、一丁数千万円から数億円もする。なかには、二十五億円もしたものもあり、オックスフォード大学のアシュモリアン博物館が所蔵している。これは、これまでに演奏されたことのない新品同様ということで、こんなにも高くなった。いい音だと評判になって高いのではない。おかしな話だ。

一流演奏家は出演料も高いので金持ちではあるが、数千万円もするヴァイオリンを買える人は限られている。そこでストラディヴァリは財団や銀行などが買って所有し、それを一流のヴァイオリニストに貸与するシステムが生まれている。

だが、世の中にはコレクターという人々もいる。この高額のヴァイオリンを集めて、

ストラディヴァリ

秘蔵して眺めて楽しむ人もいて、こういう人に買われると、せっかくの名器なのに音を出さないまま数十年、保管されてしまう。

　楽器の場合、高い楽器であれば誰が演奏しても「いい音」が出るわけではない。ストラディヴァリは演奏が難しいとも言われ、一流演奏家でなければ弾きこなせない。実際のところ、普通のヴァイオリンの百倍や千倍の値段だからといって、音にはそれほどの差はないという意見もあり、値段がひとり歩きしている面もなくはない。

　不思議なのは、その後の弦楽器製作者がストラディヴァリ以上のものを作れないことだ。製作技術そのものは現代のほうが上をいっているのに、あのような音色にならないのだという。その秘密は、どうやらニスにあるらしい。ヴァイオリンの本体の外側には全面にわたり、ニスが塗られている。木質の保護や見栄えをよくするためではあるが、そのニスの成分によって、音もかなり左右される。ストラディヴァリの音の秘密は、そのニスの調合法にあるのだ。これが分かれば、同じような音のヴァイオリンが作れるはずなのだが、その秘伝が途絶えてしまったため、二度と作れなくなっている。

もっともストラディヴァリの場合、できてから二百年以上経っており、木材の経年変化による音響変化であの音になったという説もある。そうかと思えば、いい楽器だと思って聴くからいい音色と感じるだけという、身もふたもない説もある。

12 最初のオペラハウス、最初のコンサート

オペラや一流オーケストラのチケット代は高い。なかなか気軽に行けるものではない。

しかし、お金さえ払えば誰でもコンサートで音楽が聴け、オペラを観ることができるというのは、考えてみればありがたい話なのだ。昔は、観たくても、お金があって

も、王侯貴族以外は楽しめなかった。オペラや音楽会は王侯貴族の宮廷や大富豪の邸宅で行なわれていたので、招待されなければ入れなかったのである。

入場料さえ払えば誰でも観ることができる現在のようなオペラハウスの第一号はヴェネツィアのサン・カシアーノ劇場で、一六三七年にオープンした。以後ヴェネツィアには十七世紀終わりまでに、大小さまざまな十数の劇場ができていた。

この時代の劇場はいまと違って、一階席には椅子がなく、立ち見。そしてこの一階のいちばん舞台に近い席は、安い席だった。貴族や金持ちたちは周囲の桟敷《さじき》席で観ていたのである。

初期のオペラハウス、ヴェネツィアのグリマーニ劇場（17世紀）

記録で確認できる史上最初の公開コンサート、つまり入場料形式のコンサートが開かれたのはロンドンで、一六七二年とされている。ジョン・バニスターというヴァイオリニストのコンサートだった。

以後、ロンドンは公開コンサートが発展していった。こんにちでもロンドンには多くのオーケストラがあるのはその名残かもしれない。

このようにイギリスは、音楽の演奏は盛んだったのに、大作曲家があまり生まれなかった。これは音楽史における不思議な現象である。

さて日本ではどうか。クラシック音楽、つまり西洋音楽が入ってきたのが明治維新後である。最古の西洋式音楽専用ホールは、明治二十三年（一八九〇）に上野《うえの》に建てられた、奏楽堂《そうがくどう》だとされている。現在の東京藝術《げいじゅつ》大学音楽学部の前身の東京音楽学校の施設として建てられ、現在は当時とは違う場所へ移築されたが、現役のホールとして使われている。

日本にも徳川《とくがわ》時代から歌舞伎のための芝居小屋があったが、明治になってからの日本最初の本格的西洋式劇場は、明治十一年（一八七八）に東京の新富町《しんとみちょう》に建てられた新富座。しかしこれは歌舞伎のための劇場だった。明治二十二年（一八八九）には歌舞伎座が現在と同じ場所に建てられたが、これも歌舞伎の劇場。オペラを上演する劇場として最初のものは、明治四十四年（一九一一）に建てられた帝国《ていこく》劇場である。ルネサンス様式の建物で、歌舞伎も上演されたが、オペラやバレエも上演された。

国立の劇場が建てられたのは昭和四十一年（一九六六）の国立劇場が最初だが、これも歌舞伎など伝統藝能のためのものだった。国立の、オペラのための専用劇場が日本に誕生したのは、平成になってからの一九九七年（平成九）で、東京・初台《はつだい》駅の上にある新国立劇場である。それまでは東京文化会館やＮＨＫホールなどでオペラは上演されていた。

13 「パッヘルベルのカノン」と「アルビノーニのアダージョ」

バロック音楽の人気曲に、「パッヘルベルのカノン」と「アルビノーニのアダージョ」がある。いずれも、コンサートよりも冠婚葬祭でのBGMとして耳にする機会が多いかもしれない。

とくに「パッヘルベルのカノン」は卒業式での卒業生入場や結婚披露宴での新郎新婦入場のBGMとして定番だ。華やかさがあり、哀愁も帯びていて、荘厳でもあり、涙の感動を煽《あお》ってくれる。だからおめでたいセレモニーにも悲しいセレモニーにも合う。

ヨハン・パッヘルベル（一六五三～一七〇六）は、ドイツのニュルンベルクのワイン商を営む中流家庭に生まれた。少年時代には教会の音楽家に師事し、大学にも入ったが経済的事情で辞めて、教会のオルガニストとなった。ウィーンのシュテファン大聖堂のオルガニストだったこともあり、アイゼナハの宮廷オルガニストだった時代に、バッハの父と親交をもち、この音楽一家と親しくなる。バッハが影響を受けた音楽家のひとりが、パッヘルベルなのだ。

パッヘルベルの最も有名な作品となった「カノン」は、正確には「三つのヴァイオリンと通奏低音のためのカノンとジーグ ニ長調」という曲名。「カノン」は「輪唱」とも訳されるが、同じ旋律を追いかけていく形式の音楽だ。「ジーグ」は「ジグ」ともいい、イギリスやアイルランドの舞曲のこと。バロック時代の組曲の終曲に置かれることが多く、急速なテンポで演奏される。

「パッヘルベルのカノン」は一六八〇年頃、二十七歳頃の作品で、彼は生涯に二百曲あまり書いたようだが、これが最も有名、というか、これ以外はほとんど知られていない。しかしパッヘルベルは当時としては有名な音楽家で、バッハ以外にも、ドイツやイタリアの音楽家たちに影響を与えたとされている。

もうひとつの、「アルビノーニのアダージョ」はその名の通り、トマゾ・アルビノーニ（一六七一～一七五〇／五一）の作品とされていたが、どうも贋作《がんさく》らしい。

まずはアルビノーニだが、ヴェネツィアの貴族に生まれ、ヴァイオリンの名手でマントヴァ公の宮廷ヴァイオリニストを務め、その後はイタリア各都市の歌劇場でオペラ作曲家として活躍、少なくとも五十二作のオペラがあったことは分かっているが、現存する楽譜はほとんどない。

十八世紀前半のイタリアではかなり人気があったが、後半生については不明な点が多い。このアルビノーニの作品に関心を抱いていたのが、バッハだったというから、イタリア・バロックとバッハとをつなぐ接点の役割も果たしている。

この「アルビノーニのアダージョ」は、一九五八年にアルビノーニ研究家として知られるイタリアの音楽学者レモ・ジャゾット（一九一〇～九八）がドレスデンの図書館で「断片」を「発見」して、それを「復元」して「出版」した。原曲は「ソナタ　ト短調」だという。ヴェネツィアの音楽家の楽譜がなぜかドイツのドレスデンにあり、しかも第二次世界大戦でのドレスデン大空襲の後、図書館の廃墟《はいきょ》の瓦礫《がれき》の中から発見されたと伝えられていた。たちまち有名になり、カラヤンも録音した。しかしその後の研究で、アルビノーニが書いた「原曲」などなく、ジャゾットの創作だという説が広がり、いまではこの贋作説が有力となっている。

いかにもイタリア・バロックらしく、それでいて現代人にも受ける感覚もある曲だったので、ヒットしたのも当然か。ジャゾットなる学者、なかなかの才能がある。しかも、編曲者として版権も持っていたというから商人としても有能だ。学者にしておくのはもったいない。しかし、こんな贋作づくりをするなんて、学者としてはどうなのだろう。

14 テレマン (Georg Philipp Telemann 一六八一〜一七六七)

イタリアで生まれた音楽は、ドイツにも伝わった。

このドイツ（こんにちのドイツだけでなく、オーストリアなども含めたドイツ語圏）こそが、古典派時代を築いて西洋音楽の中心地になり、バッハ、ハイドン、モーツァルト、ベートーヴェンというクラシックの保守本流となる。そのドイツ音楽の先駆者としてあげられるのが、テレマン。

ゲオルク・フィリップ・テレマンは、当時のドイツではバッハよりも人気があったらしいが、いまではほとんど知られていない。十二歳で最初のオペラを作曲したという「神童」としてスタートし、「天才少年」時代を経て、「巨匠」になるというエリート音楽家の典型的コースの人生だった。

テレマンは多くの楽器を演奏できた。大学時代に楽団を結成し、さらには歌劇場の監督になるなど、順調な音楽家人生だった。ポストとしても、アイゼナハの宮廷楽長、フランクフルト・アム・マインの教会の楽長などを務め、一七二一年に四十歳でハンブルクに移り、この都市の音楽監督になった。すでに楽譜の出版がビジネスとして成り立っていた時代で、テレマンは富裕層に自作の予約販売を始めるなど、商売人としても成功した。

もちろん、単に地位や金を求めていただけではなく、作曲もしていた。しかも、とてつもない量の作品を書いた。現在確認できるだけで、三千六百曲以上とされ、楽譜が紛失したものなども含めれば、四千〜六千あったのではと推測されている。作品数の多いことで知られるバッハですら約千百曲なので、その四倍ほどになる。作品ジャンルも多岐にわたり、オペラが四十、室内楽が二百、協奏曲が百七十、管弦楽曲組曲が七百前後、受難曲が四十六、カンタータが千七百以上ある。

ゲオルク・フィリップ・テレマン

しかし、「死後の名声」という点では、同時代のバッハにも、イギリスで活躍したヘンデルにも負けてしまう。これといった「不朽の名曲」はないので、現在ではほとんど聴かれない。音楽史にはこういう人物もいる。

なかなか、うまくいかないものである。

15 ヘンデル（Georg Friedrich Händel　一六八五〜一七五九）

ゲオルク・フリードリヒ・ヘンデルは日本ではドイツの作曲家とされているので、ドイツ風に「ヘンデル」と呼ばれるが、イギリスに帰化しているので、「ハンドル」あるいは「ハンデル」と呼ぶべきだという人もいる。この本では日本での一般的な呼び方であるヘンデルとしておく。

ヘンデルの最初の成功は、一七〇四年にハンブルクで作曲したオペラ《アルミーラ》。一七〇六年にイタリアへ行き、三年間にオペラ二つとカンタータ百曲あまりを作曲した。この時期に、イタリアのオペラの様式を学んだ。

ローマでオルガンを弾いて成功し、一七〇八年にオラトリオ《復活》を初演すると、これもまた大成功した。

こうしてヘンデルはまずはイタリアで成功した。ヴェネツィアにいたとき、ドイツのハノーファー選帝侯の甥《おい》と知り合い、宮廷楽団の楽長にならないかと誘われ、一七一〇年、いったんドイツに帰ることにする。こうして宮廷楽長になったのだが、一七一一年、十二か月という約束で休暇をもらい、ロンドンへ行く。そのロンドンでオペラ《リナルド》が一七一一年に初演されて大成功した。

　当時のロンドンはハノーファーとは比べ物にならない大都市だった。ハノーファーではオペラの上演ができなかったが、ロンドンでは可能だったし、公開コンサートも盛んだった。何よりも、作曲家や演奏者に対する報酬が高かった。

　そんなわけでヘンデルは十二か月経っても帰国しなかった。それどころか、一七二七年には正式にイギリスに帰化してしまうのだ。その間、皮肉なことに一七一四年にイギリスのアン女王が亡くなると、ハノーファー選帝侯ゲオルクがジョージ一世としてイギリス国王になった。ヘンデルはかつての雇い主とロンドンで再会することになったのだ。

ゲオルク・フリードリヒ・ヘンデル

　ジョージ一世はヘンデルが約束を守らなかったので不快に思っていた。そこでヘンデルは、国王が水上での音楽会を好んでいるのを知ると、自分も船を雇ってオーケストラを乗せ、国王の船に近づいて《水上の音楽》を演奏した。国王はこれに感動してヘンデルを赦《ゆる》し、これまでの倍の年俸を約束したという話が有名だが、この話については信憑性《しんぴょうせい》が疑われている。

ともかく、ヘンデルは、ドイツ人だったがイギリスの音楽家となった。オペラの興行に失敗するなど、浮き沈みの激しい人生でもあったが、一七五九年に亡くなったときは、三千人もの人に見守られながら、ウェストミンスター寺院に葬られた。

ヘンデルは生涯を独身で通した。その理由はよく分からない。バッハと同年生まれだが、活躍した地域が異なるので、一度も会ったことがない。ところが奇妙な因縁として知られるのが、二人とも晩年に眼の手術をし、失明したことだ。しかも、ジョン・テイラーという同じ医師が手術をした。とんでもないヤブ医者がいたものである。

日本では同時代のバッハに比べて、ヘンデルの知名度はかなり低くなった。最近になって、バロック・オペラがちょっとしたブームになっているので、ヘンデルのオペラも上演されることが多くなっている。

16 バッハ（Johann Sebastian Bach　一六八五〜一七五〇）

バッハは「音楽の父」と呼ばれている。これは日本でのニックネームではなく、ドイツでそう称されるようになった。この「〇〇の父」というのはヨーロッパ的発想で、日本なら、手塚治虫《てづかおさむ》が「マンガの神様」、松下幸之助《まつしたこうのすけ》が「経営の神様」と呼ばれたように、「音楽の神様」とでもなるだろう。だが、一神教のキリスト教のもとでは、誰も神になれないのだ。

そこで、「音楽の父」となる。日本ではかつて、バッハと同時代のヘンデルを「音楽の母」と呼んでいたことがあったが、現在はほとんど、そんなふうには呼ばない。男なのに「母」はおかしいと誰もが思っていたからだろう。

かくして音楽には「母」はなく、「父」だけとなった。

バッハが生まれたのは、一六八五年。音楽家一族に生まれた。父親はもちろん親戚《しんせき》すべてが音楽家だった。当時の音楽家は藝術家というより職人であり、家業だったのだ。

ヨハン・セバスティアン・バッハ

バッハは音楽家として何度も転職した。「ヴァイマルの宮廷楽団のヴァイオリニスト」「アルンシュタットの新教会のオルガニスト」「ミュールハウゼンの聖ブラジウス教会オルガニスト」「ヴァイマルの宮廷オルガニスト」「ヴァイマルの楽師長」「ケーテンの宮廷楽長」、「ライプツィヒの聖トーマス教会のカントル（音楽監督）」「ザクセンの宮廷作曲家」などの職に次々と就いている。

生まれたのはバロック時代の真っ只中《まただなか》であり、活躍した時代はバロック後期。バッハがもし本当に「音楽の父」ならば、それ以前には音楽はないはず。しかし、音楽は歴然として存在した。バッハは、それまでの音楽を集大成した点で偉大なわけで、無から創造したわけではない。

たしかにバッハ以前には大作曲家はいなかった。それは、ドイツに限定すれば、という意味だ。バロックが発展したのはイタリアであり、それが最初に伝わるのはフランス。ドイツは音楽後進国だったのである。

ドイツ人が勢力をつけていくのはベートーヴェンの頃からで、その死後、ロマン派の時代が開花するとともに、ドイツ音楽は隆盛を迎える。それとともに、「歴史の書き換え」がなされ、ドイツ中心の音楽史が書かれるようになり、ドイツ音楽の源流としてバッハが再発見された。

あくまで、バッハは「ドイツ音楽の源流」でしかないのに、「世界音楽の源流」であるかのように祭り上げられ、「音楽の父」と呼ばれるようになったのである。

さらには「音楽家の父」としても、すごい。バッハは生涯に二人の妻をもち（最初の妻と死別した後に再婚)、合計して二十人の子があった。当時は多産多死だったので、成人できたのはその半分で、男が六人、女が四人だった。そして、そのうちの四人の男子が、それなりに有名な作曲家になったのである。末っ子のヨハン・クリスティアン・バッハ(一七三五~八二)は、少年時代のモーツァルトの師のひとりでもある。その意味では、モーツァルトはバッハの孫弟子にあたる。

このように「バッハ」という音楽家はたくさんいるので、専門の音楽書では、「ヨハン・ゼバスティアン・バッハ」、あるいは「J・S・バッハ」と書かれるのが普通だ。昔は「大バッハ」とも呼んだ。

子どもだけでなく、先祖も音楽家ばかりだ。バッハの一族は何代も前から音楽家ばかりいる。父も伯父《おじ》も叔父《おじ》も兄弟も音楽家なのだ。大バッハ自身が執筆した年代記によると、バッハ一族の音楽家は五十三人もいて、彼はその二十四番目。彼の末っ子であるヨハン・クリスティアン・バッハが五十番目だという。

17 交響曲

クラシック音楽ファンのなかには、交響曲はよく聴くけれど、「オペラはちょっと……」と、敬遠する人がけっこういる。その一方、オペラはよく観に行くけれど、オーケストラやピアノのコンサートにはあまり行かないというオペラ・ファンもいる。だが、このふたつ、もとは一緒である。

二十世紀後半の最も有名な指揮者であるカラヤンは、「オペラと交響曲はクルマの両輪で、両方を指揮することで、それぞれがより深く理解できる」という趣旨のことを言っている。カラヤンに限らず、名指揮者・大指揮者の多くが交響曲とオペラの両方を得意としていた。

クラシックのコンサートといえば、オーケストラによる交響曲の演奏が主流を占める。この交響曲は実はオペラから生まれた。交響曲は原則として四つの楽章をもつ、オーケストラで演奏される曲である。ベートーヴェンの交響曲第九番（「第九」という愛称で親しまれている）のように、合唱が加わる曲もあるが、これは例外と思っていい。

楽器だけで演奏されるということは、ようするに歌詞（言葉）がない。言葉のない交響曲と、音楽劇である以上は言葉がかなりの比重を占めるオペラとは、最もかけ離れているように思える。共通するのはオーケストラが演奏するということだけ。しかし、ここに共通の根っこがあるのだ。

交響曲という音楽ジャンルは、ハイドンが確立したことになっている。つまり、十八世紀後半で、オペラに遅れること一世紀半である。

オペラには序曲がある。実際の劇が始まる前に数分から十数分にわたり演奏される曲で、一説によると、遅刻してくるお客さんがいるので、それを待っているあいだ、すでに着席しているお客さんを退屈させないために演奏されたのが最初だという。いまの映画やテレビドラマでも冒頭に音楽が流れるのは、この名残である。

序曲はオーケストラだけで演奏される。劇が始まれば舞台の上の歌手が主役で、オーケストラは伴奏者として脇役になる。しかし、序曲の間は舞台では何も演じられないので、オーケストラが主役だ。序曲の誕生によって、オーケストラのための音楽が生まれたのだ。

この序曲が、オペラから独立した。一七三〇年頃のイタリアでは、すでに演奏会のためのオーケストラ曲が生まれていた。これが「シンフォニア」で交響曲の元祖みたいなもの。イタリアで生まれた「シンフォニア」は、基本的には三楽章形式のものだった。それが、ドイツではひとつ増えて四楽章になった。

歴史的には交響曲よりも先に生まれたのが、「コンチェルト」。現在では「協奏曲」と訳されているが、「競奏曲」としていた時期もあった。オーケストラと独奏楽器による曲で、ピアノ協奏曲、ヴァイオリン協奏曲がほとんどを占めるが、フルート協奏曲、ホルン協奏曲など管楽器を独奏楽器とするものもある。ヴァイオリンとチェロの二つの独奏楽器を持つ二重協奏曲、それにピアノも加わる三重協奏曲もある。どの協奏曲も三楽章で構成されるのが標準。オペラの序曲はひとつの楽章しかなかったが、シンフォニアはすでに複数の楽章を持つようになっているので、コンチェルトの影響が考えられるのだ。

オーケストラで演奏するものすべてを「交響曲」というわけではない。「交響詩」というものがあり、これは「詩」の文字があるが、歌詞はない。「音楽による詩」という意味で、詳しくは一五三ページに記す。

交響曲や交響詩と表面上は似ているのが「管弦楽曲」。これは日本独特の分類で、語義としては「オーケストラで演奏される曲」のことなので、本来ならば交響曲や協奏曲も含まれるが、日本のレコード業界での分類では、「オーケストラで演奏される曲から、交響曲・交響詩・協奏曲を除いたもの」と定義される。バッハの管弦楽組曲から、チャイコフスキーのバレエ《白鳥の湖》まで雑多となり、好ましい分類ではない。

18 ソナタ

韓流《かんりゅう》ブームの原点だったのがドラマ『冬のソナタ』。そのタイトルにある「ソナタ」が音楽用語だとは誰もが分かっているが、では、具体的にソナタとはどんな曲なのか、となると、かなり専門的な話になってしまう。あのドラマの原題を直訳すると「冬の恋歌」となり、「ソナタ」とするのは誤訳なのだが、ドラマや映画のタイトルは必ずしも原語を訳すものではない。しかし、「恋歌」という分かりやすい語が、どうして専門用語の「ソナタ」になったのか。「ソナタ」としたほうがロマンティックなイメージがあるからかもしれない。

「ソナタ」はイタリア語の「鳴らす、響かせる」という意味が語源。そこから生まれた言葉で、楽器を使って演奏する曲のことを「ソナタ」といい、「奏鳴《そうめい》曲」と訳していた時代もある。いろいろなソナタがあるが、声楽を伴うものは基本的にはない。ソナタとは「器楽曲」のことで「歌」ではないのだ。そのことからも、「冬の恋歌」を「冬のソナタ」としてしまうのはおかしい。

ソナタ形式という独特の形式ができるのは古典派の時代。以後は「ソナタ形式で書かれた楽章がひとつ以上ある、複数の楽章で構成された曲」をソナタというようになった。ピアノ・ソナタとか、「無伴奏チェロ・ソナタ」などが有名だ。この定義に従うと、交響曲は「オーケストラ・ソナタ」になるのだが、そうはいわない。室内楽のジャンルに限って、「〇〇のためのソナタ」という。

さて、ではそのソナタ形式とは何か。十八世紀後半のウィーンで確立されたもので、「第一主題と第二主題が提示され、このふたつが絡み合いながら展開していく」と、たいがいの解説書には書いてある。まず、「主題（テーマ）」というのは、簡単にいえばメロディーのこと。だが、リズムやハーモニーも加わってひとつの主題になるので、単純に「メロディー」と言い切ると間違いになるから「主題」としか言いようがない。「この作品は愛をテーマとしたものだ」とか、「平和を求める思いをテーマとして描いた」というときに使う文学用語の「テーマ＝主題」とは異なるので、注意が必要だ。

ソナタ形式の曲においては、第一主題と第二主題はまったく違ったもので、対立関係にある。第一主題が勇ましいものなら、第二主題は穏やかなものとなる。つまり相反する感情が二つ提示され（提示部）、それが発展して絡み合う。「発展」とか「絡み合う」というのは、具体的には、主題を転調させたりリズムを変えたりして変奏させる。これが展開部。その後、もとの第一主題と第二主題が再び現れるのだが、最初のように対立はしていない（再現部）。そして、結尾部（コーダ）となって、大団円を迎える。

このように、ソナタ形式とは、かなり「物語」的な構成の音楽形式なのだ。第一主題を男性、第二主題を女性と考えれば、メロドラマの作劇法はまさにソナタ形式といえる。あるいはドイツで生まれた、弁証法——「正」と「反」があって、それが止揚されて「合」になる——を音楽化したものともいえる。

一般的にピアノ・ソナタやヴァイオリン・ソナタは三楽章形式で、その第一楽章がこのソナタ形式で書かれている。交響曲も第一楽章はソナタ形式だ。

では、第二楽章はというと、ゆったりとした速さの楽章で、「三部形式」が多い。主旋律A＋対旋律B＋主旋律Aの繰り返しまたは変形、という順に曲が進んでいくもの。

最後の第三楽章はロンド形式である。ロンドは「輪舞曲」という訳語もある。これは、旋律A（ロンド主題という）が、異なる旋律BやCを挟みながら何度も繰り返される形式で、A-B-A-C-A-D-Aという具合に進んでいく。ある女性が次から次に付き合う男性を変えていく物語のタイトルには、「夏のロンド」なんかがいいかもしれない。

19 史上最初の交響曲

クラシック音楽の代名詞とも言うべきものが、交響曲。指揮者のもと、数十人のオーケストラが演奏する数十分にわたる曲だ。「交響曲」はシンフォニーの日本語訳で、一説によるとこう訳したのは森鷗外《もりおうがい》だという。戦後のある時期までは「交響楽」と呼ぶこともあった。

「交響曲」という言葉は、オーケストラで演奏される曲全般をさすこともあるが、実は、けっこうややっこしい。オーケストラで演奏される曲には交響曲以外にも、交響詩、管弦楽曲、協奏曲、序曲など、さまざまなジャンルがあるのだ。

では、オーケストラが演奏するもののなかで何が「交響曲」という固有のジャンルなのか。一応の定義としては、楽器だけで演奏され、四つの楽章をもつ、というもの。しかも、その四つの楽章は最初から順に、急(速いテンポ)、緩(ゆったりしたテンポ)、メヌエット(ゆったりとした三拍子の舞曲)、急(速いテンポ)という性質をもつ。しかし、交響曲の名曲中の名曲であるベートーヴェンの第九は声楽が加わるし、ベートーヴェンの《田園》は五楽章まであるし、チャイコフスキーの《悲愴《ひそう》》は最後の楽章が緩である。このきまりを逸脱したもののほうに名曲は多いのだ。

工業製品の場合はJIS、農業生産物の場合はJASなどの規格があり、しっかりと定義づけられているが、音楽の場合、法的な定義は何もない。作曲家が「これは交響曲だ」と宣言すれば、交響曲ということになる。

前述の四楽章形式が生まれたのは、十八世紀初頭とされている。誰がそう決めたのかという、はっきりした記録はない。なんとなく、「こうしたほうがいいんじゃないか」とか、誰かが作ったのを他人が「あれはいいね。自分もやってみよう」という感じで真似して、だんだんにひとつの様式に発展していったものと思われる。著作権という概念がない時代なので、パクリだと批判されることはなかったのだ。

さて、前述のように交響曲誕生の地はイタリアとされる。ジョヴァンニ・バッティスタ・サンマルティーニ(一七〇〇〜七五)が一七三四年に作曲した一連のシンフォニアが、交響曲第一号の有力候補のひとつ。

一方、合奏協奏曲から交響曲が発展したという説もある。イタリアで発展したこのジャンルは、曲のテンポが「急」-「緩」-「急」と変化し、これが独立して三つの楽章となり、さらに、メヌエット（舞曲）の楽章も加わって、四楽章になったという説だ。

ハイドンの最初の交響曲は、エステルハージ家に雇われる前の、モルツィンという伯爵の宮廷楽団に雇われていた時代――一七五七年から六〇年にかけて――という説が有力である。モーツァルトが生まれるのが一七五六年なので、その頃である。

ジョヴァンニ・バッティスタ・サンマルティーニ

ハイドンとモーツァルトの時代の交響曲は後に「絶対音楽」と呼ばれるもので、何か具体的なモノとかコトを表現したものではなかった。コンサートでも当時のメインは独唱や独奏で、交響曲は前座のような扱いだったという。それがプログラムのメインになるのが一七八〇年代くらいとされている。

だがこの時点でも交響曲は二十分程度のもので、メッセージ性のある音楽ではなかった。オーケストラがただ演奏しているだけで、ただ聴いて楽しむものだったのだ。交響曲が深刻になりメッセージ性を帯び、作曲するほうも悩み苦しみ、聴くほうも共感したり反発したりする、とんでもない音楽に変貌《へんぼう》するのは、ひとりの天才、ベートーヴェンによってである。

日本最初の交響曲が何かについては、明確に分かっている。歴史が浅い国はこのように「初の〇〇」は割合と明確になる。日本初の交響曲は山田《やまだ》耕筰《こうさく》（一八八六～一九六五）の交響曲ヘ長調《勝鬨《かちどき》と平和》で、一九一二年に作曲された。

第Ⅲ章　古典派

20 古典派音楽

バロックの次の音楽を「古典派音楽」と呼ぶ。

モーツァルトとベートーヴェンの時代であり、この時代に「クラシック音楽」が完成する。つまり、モーツァルトやベートーヴェンが「古典派」なわけだが、彼らがそういう派閥に属していたわけではないし、自分で名乗っていたわけでもない。その次のロマン派の時代に、前の時代の音楽こそが我々が規範とすべき「古典」だといったことから、その「前の時代」のベートーヴェンたちが古典派となったのである。

そしてそのロマン派の時代に西洋音楽が日本に伝わったので、「クラシック」という言葉が日本に定着した。現在では、「西洋の昔の音楽で民謡などの民俗音楽ではないもの」全般を「クラシック」といい、バロックもルネサンスも、さらには二十世紀の現代音楽まで含めて語る場合が多いが、狭義のクラシックは古典派の音楽のことをいう。

古典派の時代がいつ始まりいつ終わったかは明確ではない。王朝の交代や政治的な革命であれば、権力交代が「いつ」であったかは明確だが、藝術の権力交代は曖昧《あいまい》である。

最も広義に捉《とら》えるとバロック時代の末期である一七三〇年代に始まっていることになる。古典派の代表であるハイドンが生まれたのが一七三二年なので、この頃から始まったことにするのだ。

そして終わりは一八二〇年代までというのが、最も長く続いたとする説。ベートーヴェンの第九が初演となるのが一八二四年、彼が亡くなるのが二七年なので、それまでを古典派とするわけである。しかし、ベートーヴェンはすでにロマン派だったとする説もあり、その説を採用すると、古典派の終わりはモーツァルトが亡くなり、フランス大革命が起きた一七九〇年前後までとなる。

というわけで厳密にいうと、古典派の全盛期は一七七五年から九〇年までのモーツァルトの時代となる。

その中心地となったのがウィーンだった。それ以前はイタリアやフランスが音楽の中心であり、オーストリアは音楽界（そういうものが当時あったとして）では辺境の地だった。モーツァルトが活躍した時代も、ウィーンの音楽界で活躍していたのは、サリエーリをはじめとするイタリア人だった。

ドイツ・オーストリア人が、音楽の主導権をイタリア人から奪取したのが、「古典派」の時代なのである。

その「古典派」によって生まれた最大のヒット商品が、「交響曲」だ。ハイドンが確立し、モーツァルトが改革し、ベートーヴェンが最終形態として完成させた。ウィーンではこの三人によるリレーが行なわれている。

この三人は「ウィーン古典派」とも呼ばれる。しかし多くのクラシック用語がそうであるように、この言葉も当時には存在しなかったもの。ハイドンもモーツァルトもベートーヴェンも、自分が「ウィーン古典派」と呼ばれているなど、夢にも思っていない。

三人は「ウィーン古典派」と名乗り、グループとして活動していたわけではない。

21 音楽の都ウィーン

観光ガイドでのきまり文句が、「パリは藝術の都」で「ウィーンは音楽の都」。では、いつからウィーンは音楽の都となったのか。

ウィーンはオーストリアの首都。オーストリアはいまでこそヨーロッパのなかのひとつの国だが、かつては世界を支配していたので、その首都ウィーンは世界の中心だった。つまり世界の首都である。当然、権力のあるところに富も集中するので、それを目当てに音楽家たちもやってきた。

クラシック音楽発祥の地であるイタリアからも、多くの音楽家がやってきて宮廷音楽家として雇われていた。十八世紀後半、帝国がまだ栄えていた時代に、ウィーンで新しい音楽が生まれたのも、それを支える富があったからだ。

ハイドンからベートーヴェンまでの古典派時代の音楽業界はどうなっていたのか。バロック時代末期にすでに芽生えていたが、楽譜の出版と公開演奏会（コンサート）が本格化し、作曲家は宮廷や教会に縛られない、フリーの立場を確立していく時期にあった。そうなると、今度は演奏会やオペラを主催する興行師が生まれ、興行師と音楽家との間を仲介するエージェントも生まれる。宮廷にあった劇場は民間資本により運営されるようになり、演奏会のための専門ホールも建てられる。

いまの世の中にあって、当時の音楽環境にないものは録音と放送くらいで、ほぼこの時代に、音楽産業のインフラが整備されたのだ。職人だった音楽家は、藝術家になり、さらに音楽はビジネス＝産業としても成り立つようになっていくわけである。

この時代、音楽家を支えたのが、富裕な市民階層だった。ようするに、「お金持ち」である。市民たちはプロの音楽家の演奏を聴くだけではなく、自分でも演奏するようになった。すると、自分の家で、家族みんなで演奏して楽しむための曲が求められる。作曲家にとって、新たな市場が目の前に広がったのである。十八世紀までの音楽は、宮廷や教会に雇われていたプロの音楽家が、貴族たちに演奏して「聴かせることを目的」として作曲されていた。つまり、商品はあくまで「演奏」であり、作曲はその「過程」であり、楽譜はそのための道具にすぎなかった。

しかし、十九世紀になると、貴族や富裕な市民であるアマチュアが家庭で「演奏して楽しむための曲」が必要とされ、「楽譜」そのものが商品として成立することになり、「作曲」という行為は、音楽家にとって、自分が演奏するためのものではなく、顧客である他人が演奏するために行なうことにもなる。

楽器も進歩し、大きな音が出せるようになった。それに伴い、演奏会場も広くなる。これは鶏と卵の関係と同じで、どちらが先ともいえない。そして、広い会場、大きな音の出る楽器にふさわしい曲も生まれる。それが、交響曲だった。

こうしたハードとソフト両方のインフラが整備されたのを背景として、職人として宮廷や教会に雇われていた音楽家は、藝術家として自立していくのだ。

このように経済構造（下部構造）が変化したことにより、藝術（上部構造）も変化していく。ベートーヴェンの音楽上の革命が、まさにそれにあたる。ベートーヴェンの革命の前段階として、西洋音楽のさまざまな形式が、この時代に集大成された。まさに、クラシックが誕生した時代だった。

22 ハイドン（Franz Joseph Haydn　一七三二〜一八〇九）

ハイドンは、「交響曲の父」と呼ばれているが、弦楽四重奏曲もたくさん遺《のこ》し、このジャンルを確立した人でもある。オペラも数多く書いたのだが、このジャンルについては楽譜もあまり残されてなく、現在はほとんど聴かれていない。

フランツ・ヨーゼフ・ハイドン

フランツ・ヨーゼフ・ハイドンは、当時はハンガリー領だったローラウという村で生まれた。幼い頃から音楽の才能を発揮した。一七四〇年にはウィーンに出ており、聖シュテファン大聖堂の聖歌隊に入った。これがプロの音楽家への道を開いた。九年後の一七四九年、すでに青年となっていたため、高い音が出せず、聖歌隊を解雇されてしまった。

失業してしまったため、さまざまな音楽の仕事をした。その仕事を通してさまざまなことを学んだ。当時はいまのように音楽大学を出て作曲家になるというコースは存在しないので、現場で学んでいくしかない。

フリーの音楽家生活が十年ほど続いた後、ようやく貴族の宮廷楽団の楽長になれたかと思ったら、その家が財政難になり解雇されてしまう。だが、一七六一年、ハンガリーの大貴族であるエステルハージ侯爵家の副楽長になれた。五年後には楽長が亡くなったので、その座に就き、以後約三十年にわたりこの侯爵家に仕える。

エステルハージ家の当主ニコラウスが音楽の愛好家だったため、彼が生きているあいだは、ハイドンも仕事が多く充実した日々を過ごしていた。この侯爵家の宮廷楽団のために、交響曲や弦楽四重奏曲などを次々と作曲し、演奏していたのだ。この時代は、「名曲」という概念がまだないので、常に新曲を演奏しなければならなかった。

一七九〇年にニコラウスが亡くなると、その跡を継いだアントンは音楽に関心がなく、宮廷楽団を解散してしまった。ハイドンの仕事もなくなったが、楽長の肩書きだけは残したまま、事実上フリーとして活動を始めた。そんなときに出会うのが興行師ザロモンである。当時すでに一般市民を相手にしたコンサートが興行として成り立つようになっていた。とくに経済大国となっていたイギリスのロンドンではコンサートが盛んだった。一七九一年から九二年と、九四年から九五年に、ハイドンはロンドンで連続演奏会を開き、新作の交響曲を初演した。当時のコンサートは、いまのポップス系のミュージシャンと同じように新曲を演奏する場だった。

最初のロンドン訪問のときは、モーツァルトが見送ってくれた。だが、それが永遠の別れになるとは二人とも知らない。ハイドンがロンドンにいるあいだにモーツァルトは亡くなってしまうのだ。ロンドンから戻る際に寄ったボンで会ったのが、少年時代のベートーヴェンだった。ベートーヴェンはその後ウィーンへ行ってハイドンの弟子になる。三人の関係はこの程度なのだ。

一七九五年、二度目のロンドン・ツアーから戻ると、エステルハージ家の当主が交代していた。今度の当主は音楽に熱心で楽団を再結成するというので、ハイドンは楽長の仕事を再開し、一八〇四年まで務める。

引退後のハイドンはウィーンで暮らしていた。そして一八〇九年、ウィーンがナポレオンに攻撃されている最中に亡くなった。六十九歳になる直前であった。

ハイドンは、紛れもなく成功した人生ではあるが、ドラマとしてはあまり面白くない。同時代には、もっとドラマチックに生きたモーツァルトとベートーヴェンという後輩がいるため、ハイドンはどうしても影が薄くなる。だが、よくみると、音楽家が職人として貴族に雇われていた時代と、藝術家として自立するようになった時代、そしてコンサートという興行が成り立つ時代と、異なる時代を生き抜いたわけだ。背景にはフランス革命からナポレオンの登場という激動の世界史もある。

23 交響曲のタイトルの謎

《英雄》《運命》《田園》《未完成》《悲愴》《新世界》《巨人》《復活》《悲劇的》《不滅》《革命》——これらは、ベートーヴェンと彼以降の作曲家が書いた交響曲のタイトルだ。ほとんどが作曲家の意向とは関係なく、興行師や楽譜出版社、あるいはレコード会社が適当に付けたものだが（この問題については二一五ページ）、いずれも重々しいイメージの言葉だ。

それに対して、ハイドンの交響曲のタイトルはというと、《哲学者》《アレルヤ》《ホルン信号》《悲しみ》《告別》《帝国》《校長先生》《火事》《うかつ者》《時の移ろい》《狩》《熊》《めんどり》《王妃》《V字》《驚愕《きょうがく》》《奇蹟《きせき》》《軍隊》《時計》《太鼓連打》などで、楽しそうというか、ふざけたものがけっこうある。レコード会社や興行会社など、ハイドンの曲を売りたい人たちは、「ハイドンの曲にはユーモアがある」と言いくるめて売るが、どこがおかしいのか、さっぱり分からないものだ。

ハイドンは「交響曲の父」と呼ばれている。たしかに、ハイドンによって、交響曲というジャンルが確立したといってもいい。現在、第一番とされている曲は一七五九年頃の作品と推定されているが、その頃からこのジャンルに取り組み、一七九五年の一〇四番《ロンドン》まで、四十年近くにわたり書き続けてきた。その過程で「交響曲」というジャンルの形式が確立されていったのである。

こんなにたくさん書いたのでタイトルなどどうでもよくなり、適当に付けたのではないかと思うかもしれないが、そうではない。実は前述したふざけた曲のタイトルは、ハイドン自身が付けたタイトルではない。当時は、「交響曲第何番」というような呼び方も存在しなかった。そこで区別するために愛称のようなものが、いくつかの曲に付けられたのである。その愛称も曲の内容とは関係のないものが多い。そもそも、ハイドンの曲は「何かを描いた」音楽ではない。

ロマン派の時代、ハイドンの交響曲はほとんど見向きもされなかったのは、その軽さにあるかもしれない。ロマン派の音楽家たちがお手本としたのは、あくまでベートーヴェンの交響曲であり、ハイドンのではなかったのだ。ハイドンがよく演奏されるようになるのは、二十世紀も後半になってからである。

ウィーン古典派のもうひとり、モーツァルトの交響曲は《プラハ》《パリ》《リンツ》など地名のものが多い。これはそれぞれの場所に行ったときに作曲したからそう呼ばれている。別にその都市のイメージを音楽にしたわけではない。

最後の四十一番は《ジュピター》という。ジュピターはローマ神話の主神、つまりギリシャ神話のゼウスのことで、神々の中の神。この曲は、しかし「ジュピターを描いた曲」ではなく、「この交響曲こそが、交響曲の中の交響曲、最高の交響曲だ」という意味だ。モーツァルト本人ではなく興行師が名付けた。

24 モーツァルト（Wolfgang Amadeus Mozart　一七五六〜九一）

藝術家には、神童―天才―夭逝《ようせい》という、幸福なのか不幸なのか分からない人生コースを歩む人がいる。その典型がモーツァルトだ。

ヴォルフガング・アマデウス・モーツァルトは、オーストリアの地方都市ザルツブルクで生まれた。ここは神聖ローマ帝国のなかにありながらも、ローマ教皇の直轄地、大司教領だった。父はヴァイオリニストであり、この町の宮廷楽団に勤めていた。この父によってモーツァルトの音楽の才能は見出《みいだ》された。姉が音楽を習っていたのをそばで聞いているだけで、和音を弾くことができた。絶対音感があったのである。四歳でクラヴィーア（ピアノの前身の鍵盤《けんばん》楽器）を弾き始め、五歳で最初の作曲をする――こうして神童は誕生した。

父はこの神童を連れて、ヨーロッパ・ツアーに出かける。田舎町であるザルツブルクから、もっと都会の宮廷楽団で働きたいという自分の就職活動と、神童の興行という二つの目的があったらしい。だが、就職活動には失敗し、父子ともザルツブルクの宮廷楽団で働くことになった。

モーツァルトが宮廷楽団をやめて、フリーの音楽家となるのは一七八一年、二十五歳のときだった。音楽の家庭教師、演奏会での興行収入、楽譜の出版による収入（当時は印税という概念はなく、一曲いくらで出版社に売っていた）、オペラの作曲代で生計を立てていたことに

ヴォルフガング・アマデウス・モーツァルト

モーツァルトの妻、コンスタンツェ

なる。印税がないのを除けば、現代の音楽家とほぼ同じだ。最初はモーツァルトのコンサートは人気があったが、だんだん飽きられてしまったという説もある。

　モーツァルトにはさまざまな伝説があるが、なかにはフィクションに近いものもある。フリーメイソンに入ったのは本当のようで、借金がたくさんあったのも事実。妻のコンスタンツェは悪妻として有名だが、これは後世の人々が天才モーツァルトを美化するために、悪妻に仕立て上げたともいえる。コンスタンツェはモーツァルトの死後五十年生きた。再婚した相手ニッセンはデンマークの外交官でモーツァルトの研究家でもあり伝記を書いた人だ。

　モーツァルトのオペラでは《フィガロの結婚》《ドン・ジョヴァンニ》《魔笛》などが現在も世界中のオペラハウスのレパートリーとなっている。交響曲は四十一番まであり、とくに最後の三曲は有名だ。二十七番まであるピアノ協奏曲にも名曲が多い。その他、あらゆるジャンルの曲を書いた。生涯で六百から七百曲、CDにして百八十枚前後の曲を遺《のこ》した。楽譜が現存していないものもかなりあると思われるので、本当の全貌《ぜんぼう》はいまとなっては分からない。三十五年という短い生涯の割には多作であった。

音楽史上の革命家としての功績は何だろうか。とくに、新しい様式を確立したわけではない。しいていえば、それまではイタリア語で書かれていたオペラを、ドイツ語で書いたことがあげられる。一七八二年初演の《後宮からの逃走》が、そのドイツ語オペラである。

「発明」したものはないが、音楽に「感情」を持ち込んだ点が、革命だったといえる。聴くものだった音楽は、何かを感じ取るものになり、「解釈」というものが必要とされていく。もっとも、それは後世の人々がそうしただけで、当時はただ聴かれていただけかもしれない。

25 モーツァルトの死の謎

モーツァルトは最も有名で最も謎の多い音楽家である。その生涯は三十五年。その短い生涯に作曲した作品は六百くらいあり、楽譜が現存しているものすべてを演奏すると、CDにして百七十八枚（小学館版『モーツァルト全集』）。六十五歳まで生きたバッハの場合、同じく現存する楽譜をすべて演奏すると、CD百五十六枚（小学館『バッハ全集』）、ベートーヴェンは五十七年の生涯でCD百二枚（講談社『ベートーヴェン全集』）である。

単純に、枚数を生涯で割ると、モーツァルトは一年に五枚以上、バッハは二・四枚、ベートーヴェンは一・八枚。あくまで単純な平均なので、全盛期には年に十枚以上のペースだったとも考えられる。いまのポップス系のミュージシャンでもこんなにも多くアルバムを作る人はいないだろう。

しかも、モーツァルトはその生涯の三分の一にあたる日数を旅していた。作曲だけではなく、演奏もしなければならなかった。遊び好きだったのでパーティーに出かけたり、ギャンブルしたり、恋をしたり……、けっして書斎にこもりっきりだったわけではないのだ。

そんな多忙な生活をしたので、いまでいう過労死をしたとも思えるが、その死因をめぐっては、さまざまな説が唱えられている。遺体が共同墓地に葬られ、いまとなっては確認できないことも謎に拍車をかけている。

死亡説でいちばん有名なのは、同業者のサリエーリ（一七五〇〜一八二五）が毒殺したというもの。これは、モーツァルトの死から三十年ほど経ってから、亡くなる寸前のサリエーリが、「自分がモーツァルトを殺したと告白した」という噂が流れたため

アントニオ・サリエーリ

に生まれた説だ。この噂がウィーンで流れたのは本当なのだが、こんにちでは、サリエーリによる毒殺説はほぼ否定されている。だが、そうなればなったで、どうしてそういう噂が流れたのかという別の謎も生まれる。サリエーリは晩年には精神に異常をきたし、錯乱していたので、深層心理にあった「モーツァルトを殺してやりたい」との思いから口に出したという説もある。

モーツァルトが世界で最も有名な秘密結社フリーメイソンに加盟したのは事実で、そのことに死因を求める説もある。最後のオペラである一七九一年初演の《魔笛》には、フリーメイソンの秘儀を、「分かる人には分かる」ように描いた箇所があり、それが組織の掟《おきて》に反したために殺されたのではないか、というわけだ。しかし、これも荒唐無稽《こうとうむけい》な説として退けられている。あるいは、モーツァルトがピアノを教えていた人妻と不倫の関係になったため、その夫が怒って殺したのだという説もある。

実際の死の様子はというと、体調が悪くなってから死ぬまでは二か月くらい。全身の浮腫《ふしゅ》と高熱という病状のなか、亡くなった。急死といえば、急死である。その直前に妻のコンスタンツェに「誰かに毒を盛られた」と打ち明けたという説もある。

ウィーン市の公式記録では「急性粟粒疹熱《ぞくりゅうしんねつ》」と記されているが、リウマチ性炎症熱との説もあるし、先天的な梅毒だったとの説もある。もともと子どもの頃から病弱だったという説もあるし、当時はいまほど医療が発達していないし、流行病も多い。とりたてて、「謎の怪死」というわけでもないのかもしれない。

死ぬ間際にしていた仕事が、正体不明の依頼主からの《レクイエム》。いうまでもなく、死者のためのミサの曲である。まるで自分のために作ったかのようで、あまりにもできすぎた話なので、小説や演劇・映画になるが、これも謎でもなんでもなかった。《レクイエム》の依頼主はある伯爵で、彼の若い妻が亡くなったのでそのミサに、伯爵が自分で作った曲を演奏しようと思い、モーツァルトにゴーストライターを依頼したのだった。そういう、表には出せない仕事だったので、謎めいてしまったのである。

26 未完成の曲

クラシック音楽には作曲家が完成させなかった曲がけっこうある。代表はシューベルトの《未完成交響曲》だが、それ以外にもある。そういう未完の作品を他人が完成させる例もけっこうある。

　そのひとつが、モーツァルトの《レクイエム》。これは最も有名な未完成作品でもある。《レクイエム》は十四曲で構成されているが、モーツァルト自身が完成させたのは、最初の二曲だけで、あとは断片が残っているにすぎなかった。それを弟子のフランツ・クサーヴァー・ジュスマイヤーが補筆完成させた。他にも何人かの作曲家が独自の補筆版を完成させているが、一般的に演奏されているのはジュスマイヤー版である。

　この曲はモーツァルトがある伯爵からゴーストライターとして請け負った仕事で、報酬の半分は前金でもらっていた。だが、モーツァルトが死んでしまったので、完成させないことには残金がもらえない。そこで妻・コンスタンツェが代作者として弟子のジュスマイヤーに書かせ、モーツァルトが書いたとして「納品」した。

　プッチーニの最後の作品《トゥーランドット》も未完成。一九一九年あたりから構想を練り始め、途中でスランプになるが、一九二三年から台本と並行して本格的に作曲に入る。だが、一九二四年にプッチーニは癌で倒れてしまう。本人には知らされず十一月に手術を受けるが、その五日後に心臓発作で亡くなる。音楽は第三幕の「リューの死」の場面まで完成していた。最後のクライマックスが未完だったのだ。二十三ページ分がスケッチしかないという状況だった。プッチーニの息子の推薦でフランコ・アルファーノが残りを完成させた。

ムソルグスキーの作品では、オペラ《ホヴァーンシチナ》が未完となり、同じロシアのリムスキー＝コルサコフが完成させた。だが、これは続きを書き足したというより、全面改訂したものなので、オリジナルを損ねたとして最近は上演されない。その次に、ショスタコーヴィチがオリジナルを尊重して作った版がよく上演される。

交響曲ではマーラーの第十番が未完に終わった。五楽章まで構想されていたが、マーラー自身が完全なかたちで完成させたのは第一楽章のみ。しかし、残りの楽章も草稿が残っているので、それをもとに何人かの音楽学者、指揮者が補筆完成版を作っている。なかでもよく演奏されるのが、イギリスの音楽学者デリック・クックによるもの。

しかし、他人の手が加わったものは認めないという厳格主義の演奏家、聴き手、評論家もいる。

27 ベートーヴェン (Ludwig van Beethoven 一七七〇～一八二七)

ルートヴィヒ・ヴァン・ベートーヴェンは、一七七〇年にドイツのボンで生まれた。祖父はケルン選帝侯の宮廷歌手、父も同じ宮廷歌手だった。バッハやモーツァルト同様に、音楽一家に生まれたのである。ベートーヴェンに音楽の才能があると分かると、父は徹底的に教育する。その甲斐《かい》もあって八歳でコンサートデビューしている。しかし、これは美談ではない。父はアルコール依存症でほとんど仕事ができず、息子の才能に目をつけて稼がせようとしたのである。十代になるとベートーヴェンは父に代わって家計を支えていた。

ルートヴィヒ・ヴァン・ベートーヴェン

一七八七年、十六歳になったベートーヴェンはウィーンに向かい、モーツァルトに出会い弟子入りしたとの伝説がある。ところが数週間後に、母が亡くなったとの知らせが届き、ボンに帰ることになってしまう。二人の天才が本当に出会い師弟関係になったとしても、ごく短期間のことだった。

ベートーヴェンが再びウィーンに来るのは、一七九二年。すでにモーツァルトはこの世になく、ハイドンに弟子入りした。だが、ハイドンに物足りなさを感じ、師事するのをやめてしまう。その後、何人かの音楽家に師事し、そのなかにはサリエーリもいてイタリア式の声楽の作曲を学んだ。ベートーヴェンはウィーンで人気音楽家になるが、それはピアニストとしてだった。自作の即興演奏で人気が出たのだ。最初の公開演奏会とされているのは、一七九五年である。

そして、時代は十九世紀に突入する。作曲家ベートーヴェンの時代である。一八〇〇年には弦楽四重奏曲と交響曲を完成した。その一方で難聴が彼を襲った。一八〇二年には自殺を考え、遺書まで書く。だが、それで逆にふっきれて（ということになっている）、苦悩とともに生きることを決意する。もはや、ピアニストとして生きることは難しい。となれば、作曲家として生きるしかない。

いったんは死を決意したベートーヴェンは音楽史上の革命といっていい、交響曲第三番を一八〇四年に完成した。それまでのハイドンやモーツァルトの交響曲は、四つの楽章を合わせても二十分前後だったが、第三番は四十五分近くかかる。まず、「長さ」の点で驚異的だったのである。《英雄》という通称で呼ばれることが多い。

ベートーヴェンは、九曲の交響曲、五曲のピアノ協奏曲、ピアノ・ソナタ、ヴァイオリン・ソナタ、チェロ・ソナタ、ピアノ三重奏曲、弦楽四重奏曲などで多くの名曲を遺《のこ》し、一八二七年、五十六歳で生涯を閉じた。その人生において、一度も誰にも「雇われなかった」という点で、最初の自立した音楽家といってもいい。葬儀には一説には三万人もが参列し、「皇帝の死」以上だと言われた。それだけの人気があったのだ。

ベートーヴェンは音楽にメッセージ性を込めた。つまりは「思想表現」としての音楽という道を切り開いた。歌詞のある歌に思想を込めたのではなく、音楽そのもので思想を表現しようとした点で画期的だった。もっとも、どうしても音楽だけでは語れなくなり、最後の交響曲となる第九番では、合唱を導入する。第九があまりにも有名になったいまとなっては理解しづらいかもしれないが、交響曲に合唱が加わること自体が革命だった。

交響曲に合唱を加え、第六番において《田園》と標題を付けた点で、ベートーヴェンは「古典派」から逸脱し、ロマン派だったとする説もある。だが、ベートーヴェンの音楽は、様式美も備えていた。形式を否定するロマン派とはその点では異なっていた。

いずれにしろベートーヴェンの存在がなければ、音楽におけるロマン派の登場はもっと遅れ、別の発展を遂げたかもしれない。その意味で、最重要の作曲家であり、音楽史はベートーヴェン前と以後とに分けることができるといっても過言ではない。

28 《英雄》《運命》《田園》

ベートーヴェンの九つの交響曲はどれも有名だ。最後の第九番は「第九」の通称で日本では年末の音楽としても知られている。第四楽章はドイツの詩人・劇作家シラーの《歓喜に寄す》をもとにした歌詞があり、独唱者と合唱団も加わる、壮大なスケールの曲だ。「合唱」とも呼ばれる。

さらに、第三番、第五番、第六番は番号よりも愛称である「英雄」「運命」「田園」のほうが通りがいい。しかしこの三曲でベートーヴェン自身が命名したのは「田園」のみだ。

まず第三番《英雄》だが、この曲にはこういう伝説がある。当初はフランスの英雄であるナポレオンに献呈されるはずだったが、ナポレオンが皇帝に即位したとのニュースを知り、ベートーヴェンが「あいつも俗物だった」と幻滅して献呈するのを止めた。さらには献呈すると書かれた表紙を破ってしまった。

ベートーヴェンがナポレオンに献呈するつもりだったのを止めたのは本当だが、その理由は、献呈した場合の謝礼がもらえるとの確約がとれなかったからのようだ。この「献呈」というのはベートーヴェンの編み出したビジネスモデルで、後述する。

昨今の日本では「交響曲第三番《英雄》」と記され、「英雄を描いた曲」と思っている人が多いし、いま記した伝説のイメージから、その英雄とはナポレオンのことと思っている人も多い。だが、そうではない。たしかにベートーヴェンはこの曲の総譜の表紙に「英雄的交響曲」と書いたが、それは、この交響曲が英雄的だという意味だ。なるほど、勇壮な曲である。自作に「英雄的交響曲」と銘打つあたり、ベートーヴェンがいかに自信過剰な人であったかが、よく分かる。

第五番《運命》は日本やアジア圏での呼び名だ。この曲は、ダ・ダ・ダ・ダーンという強いリズムで始まる。これについてベートーヴェンが弟子に「運命はかく扉を叩《たた》く」と説明したという話から、《運命交響曲》と呼ばれるようになった。しかし、この伝説も信憑性《しんぴょうせい》が疑われている。

第六番《田園》はベートーヴェン自身が付けた題だ。曲全体だけでなく、五つある楽章にもそれぞれの標題がある。そのため、この交響曲は標題音楽交響曲の元祖とも言える。

《田園交響曲》以前の五曲、その前のモーツァルトやハイドンの交響曲も、どれひとつ作曲者自身が標題に基づいて作った曲はないのだ。標題音楽についてはⅠ一六ページに記す。

29 献呈

コンサートのプログラムやCDの解説書には、「この曲はなんとか伯爵に献呈された」などと書いてあることが多い。「献呈」しまくったのは、ベートーヴェンである。その前の世代であるハイドンやモーツァルトの場合は、ほんの数曲しか他人に献呈したものはない。

ハイドンはエステルハージ家に雇われ、モーツァルトはザルツブルク大司教の楽団にいたように、彼らには定収入があった。それに対してベートーヴェンは史上初めての「宮仕え」経験のない作曲家だ。それと献呈の多さとが関係している。

ベートーヴェンの収入源はコンサートの入場料や出版社からの楽譜の原稿料だ。だが、それだけでは食べていけない。そこでパトロンが必要となる。献呈した相手はそのパトロンのことが多い。だから、相手は貴族たちなのである。

交響曲第四番はオッペルスドルフ伯爵、交響曲第五番はロプコヴィッツ伯爵、第六番はラズモフスキー伯爵に献呈された。しかし、当初は三曲すべてがオッペルスドルフ伯爵に献呈されるはずだったらしい。それなのにこの二曲が他の伯爵に献呈されたのは、経済的な理由だという。つまり、他の二人の伯爵がもっと高い資金を提供してくれたのであろう。

献呈するのが先のこともあれば、お金をもらうのが先だったこともあるらしい。ピアノ三重奏曲第七番は《大公》という標題で知られているが、これはこの曲がルドルフ大公に献呈されたことにちなんでいる。曲の内容とはまったく関係ない。ルドルフ大公には、かなり多くの傑作が献呈されている。ピアノ協奏曲第五番《皇帝》、ピアノ・ソナタ第二十六番《告別》、二十九番《ハンマークラヴィーア》、三十二番、そして《ミサ・ソレムニス》などである。

彼らがベートーヴェンにいくら渡していたのかは、ケースバイケースだが、こうしてベートーヴェンの曲が語られるたびに、その名も引用されるのだから、充分におつりがくるのではないだろうか。いまでいう命名権ビジネスの元祖かもしれない。

このビジネスも初期には失敗があった。相手先の了解を得ずに、勝手に献呈したところ、献呈の謝礼をもらえなかったのだ。一種の送りつけ商法なので、相手にしてみれば頼んだ覚えのないものに謝礼をする必要はない。そのひとりが、ロシア皇帝アレクサンドル一世だった。一八〇一年から〇二年にかけてベートーヴェンは三曲の「ヴァイオリンとピアノのためのソナタ」を書き、これをロシア皇帝に献呈したのだが、謝礼金がいつまでたっても届かなかった。ベートーヴェンは皇帝とは一面識もないのに、勝手に送ったのだ。

しかし、ベートーヴェンは諦《あきら》めない。十三年後の一八一五年にナポレオン後のヨーロッパをどうするかを決めるウィーン会議に出るためにロシア皇帝がウィーンへ来た際に、ベートーヴェンは同行した皇后に一曲献呈し、その楽譜に添えた手紙に、「いつぞや皇帝へ献呈したソナタの謝礼をまだ受け取っていません」と書いたのだ。この督促状によって、ベートーヴェンは不良債権となっていた謝礼金を回収できた。

献呈が破談になったことで有名になったのがナポレオンだ。交響曲第三番はナポレオンに献呈するつもりで書かれていたが、何らかの事情でこの話はまとまらなかった。ベートーヴェンのいるウィーン＝オーストリアとナポレオンのフランスとが敵対関係にあったことも影響しているようだ。

30 オーケストラと指揮者

クラシックといえば、オーケストラ。アマチュアも含めれば、世界にいくつあるかは、誰も把握できない。

オーケストラはオペラのために生まれた。それが、独立してコンサートも開くようになった。現在のプロのオーケストラも歌劇場管弦楽団から発生したものが多い。ウィーン・フィルハーモニーがその代表だ。オーケストラは歌劇場専属のオーケストラと、コンサート専門のオーケストラとに分けることができる。ウィーン国立歌劇場管弦楽団、ミラノ・スカラ座管弦楽団などが歌劇場専属のオーケストラである。ヨーロッパでは歌劇場の多くが国立、あるいは州立、市立なので、そういう管弦楽団の団員は公務員だ。

世界で最も有名なオーケストラであるウィーン・フィルハーモニーは、ウィーン国立歌劇場管弦楽団のメンバーによって一八四二年に結成されたものだ。オペラの場合、

ウィーン・フィルハーモニー管弦楽団（2013年）

オーケストラは舞台手前のオーケストラピットに入って演奏しているし、同じ曲ばかり演奏させられるので、欲求不満になる。それを解消するために、たまにはステージの上で演奏しようというわけで結成されたのだ。メンバーはみな国立歌劇場管弦楽団の団員で、普段は歌劇場でオペラを演奏している。あくまで、余暇の時間を利用してコンサートを開き、外国へ演奏旅行をしているのだ。

コンサート専門のオーケストラも国立・州立など公的な機関もあるが、最近はどこの国も財政的に厳しいようで、民営化されていく傾向にある。ドイツのベルリン・フィルハーモニーは、もともとは民間のオーケストラだったが、ナチス時代に公営化され、戦後もベルリン市（東西統一までは西ベルリン市）のもとにあった。しかし、二十一世紀に入ってからは完全に民営化された。

ヨーロッパに多いのが放送局に所属するオーケストラである。日本にはNHK交響楽団しかないが、欧米ではクラシック音楽の番組が多いので専属オーケストラが必要なのだ。放送に関係のないコンサートでも演奏するし、外国へのツアーにも出る。

その逆に、おそらく日本にしかないと思われるのが、新聞社を経営母体とするオーケストラで、読売日本交響楽団がその世界唯一の新聞社系オーケストラだ。

オーケストラは、大きなところでは百人以上の楽団員がおり、一度入れば、基本的には身分は保証される。ベルリン・フィルハーモニーのように楽団員の自主運営のオーケストラもある。ベルリン・フィルハーモニーでは音楽監督（首席指揮者）を決めるのは楽団員の投票によってだし、メンバーに欠員が出た場合に募集するときも楽団員全員で誰を入れるかを決める。

オーケストラが他の一般的な企業と最も異なるのが、指揮者との関係であろう。ひとつのオーケストラには音楽監督（名称はオーケストラによってさまざまである）がひとりいる。首席指揮者とか常任指揮者と呼ばれるように、そのオーケストラの「顔」の役割をする。だが、オーケストラによって異なるが、一年間に百〜二百回くらいのコンサートのそのすべてを首席指揮者が指揮するわけではない。他の指揮者も客演で指揮するのである。そればかりか、あるオーケストラの首席指揮者が、他のオーケストラに客演することもある。サッカーや野球の監督とは違うのだ。人気と実力のある指揮者のなかには、複数のオーケストラの音楽監督を兼任することもある。

音楽監督の任期は三年から七年くらいで、満期になった後に更新されることもあれば、任期が終わると去っていく場合もあるし、途中でケンカして辞めてしまったり、追い出されたりすることもある。ステージの上では偉そうに指揮しているが、実際はその身分はきわめて不安定なのだ。

31 シューベルト (Franz Peter Schubert　一七九七〜一八二八)

ベートーヴェンの死の一年後に亡くなったのが、シューベルト。生まれた年が十九世紀に近いのでロマン派に分類されるのだが、古典派とすべきとの説もある。だが、ベートーヴェンもロマン派とする説もあるので、あまり厳密に分類する必要はないだろう。当人が生きていた時代には、「古典派」という言葉もなかったのである。

フランツ・ペーター・シューベルトは一七九七年にウィーン近郊で生まれた。父は小さな学校の経営者であり、教師でもあり、アマチュア音楽家でもあったので、息子にも音楽を教えていた。その意味では恵まれた環境で育っている。ハイドン、モーツァルト、ベートーヴェンの室内楽を家族で演奏していたという。

十一歳になった一八〇八年にウィーンの全寮制の帝室王室寄宿神学校に入り、一般教育に加え、音楽教育も受ける。このときの教師のひとりがサリエーリで、イタリア歌曲の作曲を学ぶ。交響曲をはじめとする室内楽曲、器楽曲については独学で学び、一八一三年に卒業するまでに、多くのピアノ曲、室内楽曲、そして最初の交響曲まで作曲している。

フランツ・シューベルト

だが、ベートーヴェンが一八二七年に五十七歳で亡くなると、その翌年に三十一歳で亡くなってしまう。モーツァルトよりも若い歳での死だった。若すぎる死の原因は梅毒とされている。いまなら、大スキャンダルかもしれないが、梅毒は当時としてはよくある病気のひとつで、モーツァルトも梅毒だったという説もある。大騒ぎするような話ではない。

シューベルトはモーツァルト同様に神童で、天才少年だった。そして、いよいよこれから、というときに亡くなったのである。その薄幸ぶりを強調するために、シューベルトはまったく無名で極貧のうちに死んだと語られることがあるが、それは実際とはだいぶ違うようだ。

シューベルトの当時のポジションは、いまふうにいえば、「業界内では知られているが、一般的な認知度は低い」という状況で、ブレイクしかけたときに急死してしまったのである。多くの藝術家の友人たちに囲まれていたし、極貧ではなかった。

シューベルトをロマン派と位置づける理由は、歌曲をたくさん作ったからでもある。ロマン派の特徴のひとつが、文学と音楽の融合だ。

日本でもそうだが、どこでも大昔から「歌」は存在した。それは民謡と呼ばれるもので、誰がいつ作詞作曲したかは分からない。楽譜があるわけでもない。そうした「歌」と区別して、詩に曲がついた歌のことを「歌曲」と呼ぶ。シューベルトはさまざまな詩人が書いた詩に曲をつけたのである。

ロマン派は、文学的な題材を音楽にしたのが特徴のひとつ。後期になると、ワーグナーがオペラを文学と美術と音楽の総合藝術と宣言するが、歌曲において、文学と音楽が、とりあえず融合する。その先駆的役割を果たしたのが、シューベルトということになる。

シューベルトのニックネームは「歌曲王」。その生涯に千曲以上を書いたが（未完も多い）、そのうちの六百あまりが歌曲である。《野ばら》《菩提樹《ぼだいじゅ》》などが、日本でも知られている。しかし、当然、その歌詞はドイツ語のため、日本でのシューベルトの歌曲の人気はいまひとつといえる。

いまあげた曲は、日本語の訳詞があるので有名なわけだが、本格的クラシック・ファンは原語で歌うものしか認めないので、結果として人気がないのである。

32 《未完成交響曲》

シューベルトの代表曲の《未完成交響曲》は、シューベルトの急死で未完になったのではない。亡くなる六年前の一八二二年に、なんらかの理由で途中で放棄してしまい、完成しなかっただけだ。死の床で最後までペンを握っていたが力尽きて未完成になったのではない。

シューベルトの交響曲には未完のものや楽譜が確認できない幻の曲が多いので番号

にも諸説ある。有名な《未完成交響曲》は以前は第八番とされていたが、最近は七番とすることが多い。

第七番が「未完成」と呼ばれるのは、第二楽章までしかないからである。第三楽章については、書きかけのものが残っているだけ。交響曲は第四楽章まであるのが普通なので、いわば半分までできたところで、何らかの理由で中断してしまったものと考えられる。その理由についても、他の曲を書き始めているうちに忘れてしまったという説もあれば、「第二楽章までで、藝術的に完成していると判断した」からだという説もある。

いずれにしろ、どこかから依頼されて作曲したわけではないので、作曲の動機も中断の理由も、分からないままなのである。誰かから頼まれて作曲したのであれば、「あの曲はどうなりましたか」「いや、実は……」とかの手紙のやりとりでもあっただろうに、そんなものは残っていない。

戦前のドイツ映画『未完成交響楽』（ヴィリ・フォルスト監督、一九三三）にある、貴族令嬢との失恋にからんで未完成になったというエピソードは、完全なフィクションだ。

この第二楽章までしかない交響曲の楽譜が発見されたのは、シューベルトの死から三十七年も経った一八六五年のことである。生前から親交のあったヒュッテンブレンナーという音楽家がずっと持っていたのだ。なぜこの作曲家が持っていて、ずっと隠していたのかも分からない。隠していたという意識もなかったのかもしれない。《未完成交響曲》（第七番）の次に書いて、今度は第四楽章まで完成させたものが、第八番（第九番としているCDもある）で《グレイト》と呼ばれている。これはイギリスの出版社が付けた副題で、本人が付けたものではない。この《グレイト》は一八二五年から二六年にかけて作曲されたが、一時間近くかかる長い曲だったため、演奏されることもなく、出版もされず、忘れられていた。これをシューベルトの死から十三年目に発見したのが、ロベルト・シューマンだった。シューマンはライプツィヒで暮らしていたが、ウィーンを訪れたときに尊敬するシューベルトの実家へ行き、この曲を発見したのだ。さっそく、ライプツィヒにいる盟友のメンデルスゾーン（作曲家で指揮者でもあった）へ送り、彼の指揮で初演された。

33 ロッシーニ（Gioachino Antonio Rossini　一七九二〜一八六八）

イタリアでバロック時代に生まれたオペラは、フランスやドイツに広まり、一大ジャンルに発展していったわけだが、その本家であるイタリアはその後どうなったのか。

実は停滞してしまったのだ。もちろん、作曲家は途切れることなく誕生したし、作品もどんどん作られ、興行されていた。だが、現在もなお上演されているような作品は、十七、十八世紀のイタリアにはほとんど存在しない。むしろ、十八世紀前半のバロック後期のオペラとしては、フランスのラモー、ドイツ人だがイギリスで活躍したヘンデルの作品のほうが、最近は再評価されて上演されている。

イタリア・オペラが盛り返すのは十九世紀になってからで、ひとりの天才・ロッシーニの登場によってである。

ロッシーニはイタリアのペーザロで、一七九二年、モーツァルトが亡くなった翌年に生まれた。父は食肉工場で働いていたが、トランペット奏者でもあり、母は後にオペラ歌手となる人だった。両親とも音楽に関係のある仕事をしていたので、ロッシーニも幼い頃から音楽教育を受けた。十二歳で四重奏曲を作曲するなど幼くして作曲の才能を示し、十四歳でボローニャの音楽学校に入り、在学中にオペラを作曲した。

一八一〇年、十八歳の年に《結婚手形》が初演され、これが正式なデビュー作となる。二年後の一八一二年に《試金石》がスカラ座で初演されると、大ヒットし、これによってその名が広く知られるようになり、一八一五年にはナポリのサン・カルロ劇場音楽監督に就任した。音楽監督であり、座付き作曲家でもあった。

そして一八一六年、二十四歳の年の《セビリアの理髪師》が大ヒットし、いまもなお各国の歌劇場で上演され続けている名作となる。この《セビリアの理髪師》は、フランスのボーマルシェの戯曲のオペラ化で、モーツァルトの《フィガロの結婚》の前日譚《たん》にあたる話だ。

ロッシーニの作品はイタリアだけでなく、ウィーンでも人気が出た。さらには一八二三年にパリを訪問した。ロッシーニのパリ来訪は、フランスの文豪スタンダールが「ナポレオンは死んだが、別の男が現れた」と書いたほどの熱狂的な歓迎に包まれた。翌年からはパリに拠点を移し、オペラ座の音楽監督になった。

しかし一八二九年、人気も絶頂にあり、気力・体力ともにまだまだ盛んなはずの三十七歳で書いた《ウィリアム・テル》が最後のオペラとなる。以後、引退同然となるのだ。結局、プロの作曲家としてデビューしてからの二十年間に三十九作のオペラを書いた。《ウィリアム・テル》の後も、いくつか作品の構想もあったようだが、結局、書かなかった。引退を宣言し、ボローニャで隠居生活を送るよう

ジョアキーノ・ロッシーニ

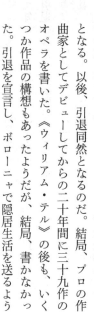

になるのは、四十四歳のとき（のちにフィレンツェに移転する）。

ロッシーニは美食家として知られ、料理をするのも好きだったので、以後はグルメ三昧《ざんまい》の生活となり、それが引退の理由だと説明されることもある。

引退の理由としては、「もう自分の時代ではない」と悟ったからだとの説もある。ロッシーニの成功に刺激され、イタリア・オペラは再び全盛期を迎えており、ドニゼッティ、ベッリーニといった、若い世代が台頭していた。

本当の理由は分からないが、すでに印税制度が確立され、ロッシーニ作品が上演されるたびに彼には劇場からの収入があり、生活には困らなかったことも関係しているのかもしれない。同時代に生きたベートーヴェンが死ぬまで運命と苦闘していたのとはだいぶ違う生き方だ。その陽気さは、作品を聴けばすぐに分かるだろう。

第Ⅳ章　前期ロマン派

34 ロマン派

十九世紀から二十世紀初頭まで続いたのが、ロマン派の時代。ロマン主義ともいう。

長いので、一八五〇年頃を境に前期と後期に分けられる。ちょうど一八五〇年前後に、十八世紀から十九世紀初頭にかけて生まれた作曲家たちが亡くなったのと、一八四八年のフランス二月革命から派生したヨーロッパの革命で社会が大きく変わったことから、区切りがいいのだ。

「ロマン」というと、女の子の好きな「恋愛物語」であり、そうかと思うと「男のロマン」となれば、夢とか冒険というイメージになる。どちらも「空想的」と「物語」という共通項があるが、「恋愛物語」と「男のロマン」とではだいぶ異なる。つまり、それだけ意味するものの範囲が広いのが「ロマン」という言葉だ。「浪漫」と当て字で表現していた時代もあり、これはこれで雰囲気が出る。

「ロマン」のおおもとの意味は、「ローマ的」。「ローマ」とはローマ帝国のローマのことだ。当時のローマ帝国には大きく二種類の原語があった。ひとつはラテン語で、公用語であり知識階層が使っていた言葉。もうひとつがロマンス語と呼ばれるもので、庶民が使っていた言葉だ。このロマンス語で書かれた物語が、「ロマンス」と呼ばれるようになった。庶民向きのもので、日本風にいえば「通俗文学」「大衆文学」（どちらも現代では死語になりつつある）、つまりエンタテインメント小説のことである。そこから、ロマンス語ではなくても庶民の娯楽のために作られた物語を「ロマン」というようになる。そして、民衆文学全般もロマンスと呼ばれるようになったのである。つまり、空想的で大衆向けの物語や恋愛をテーマにしたもの、あるいは中世騎士物語もロマンスの一種だった。

では、このような物語を音楽で描いたものがロマン派音楽なのだろうか。ロマンス文学を題材にしたオペラは、たしかにロマン派音楽の代表作ではある。だが、ロマン派とは、それだけではない。音楽に限らず、ロマン主義藝術は現実世界を超越したものを描こうとした。音楽においては、古典派が確立した様式を打破し、それを乗り越えた。つまり、ロマン派時代になって、音楽は「何でもアリ」になったのだ。こんにち、コンサートで演奏され、CDとして発売されるクラシック音楽の半分以上は、おそらくロマン派の時代の作品である。

単純にいえば、古典派の時代は形式が重視されていたが、ロマン派はそれから自由になり、作曲家それぞれの感性が重視される。さらに、標題音楽＝「何かを描いた音楽」が、重要な位置づけになる。それに伴い文学や絵画と音楽との関係が深まっていく。

楽器の改良が進み、とくに鍵盤《けんばん》楽器はピアノがより大きな音が出せるようになったため、それにふさわしい作品が生まれるようになる。オーケストラも編成が巨大化していく。それは、演奏会場が広くなり、多くの聴衆を収容できるようになったこととも関連していた。

もうひとつの大きな特徴としては、「名曲」の誕生である。

十八世紀までの演奏会は基本的には新曲を披露する場だった。そのため、作曲家たちは多作を強いられていた。これまでのものと似ていてもかまわず、とにかく新曲を求められたのだ。だが、十九世紀になると、いい曲は何度も演奏されるようになった。さらに、十八世紀までは作曲家は演奏家も兼ねていたので自作自演が主流だったが、この時代から「過去の名曲」が「現代の名演奏家」によって演奏されるようになる。そうなると、作曲家たちはすぐに忘れられる作品を多作するよりも、永遠に演奏される名曲を遺《のこ》そうという考え方になった。当然、時間をかけて曲を作るようになる。それに伴い、作品数は減る。生涯に何百曲も遺す多作の人は例外的な存在となる。

作曲家と演奏家が分離すると、「名演奏家」も誕生する。同じ曲をいろいろな人が演奏するようになったので、誰がいちばんうまいかという比較ができるようになったのである。

すると今度は、どの曲が名作なのか、どうして名作なのか、あるいは誰の演奏がいいのかといった「評論」が必要になる。

このように、音楽家をとりまく状況の変化が、新しい音楽を生み出していった。

35 ピアノ

クラシック音楽で使われる楽器は無数にあるが、最も演奏会が多いのはピアノのコンサートだろう。楽器も日々改良がなされており、現在のピアノに近くなったのが、古典派からロマン派に移行する時期にあたる。

「ピアノ」と「オルガン」は、同じような鍵盤があり、そこを叩《たた》いて音が出るので似ているが、音の出る原理は根本的に異なる。

ピアノは鍵を押すと、それに連動したハンマーが対応する弦を叩いて音が出る。広義の打楽器とも言える。音の強弱は鍵盤を叩く時の力でコントロールする。強く叩けば大きな音になる。そして、その音は時間とともに減衰していく。叩いた瞬間がいちばん大きな音となる。

オルガンは鍵を押すと、連動したパイプに加圧した空気を送ることで音が出る。つまり広義の管楽器だ。音の強弱を微細にコントロールするのは難しいが、安定して持続する音を出せる。このように原理が違うので、当然、音色も異なる。

オルガンは教会にあり、宗教音楽では欠かせないが、一般のコンサートでは滅多に使われない。

ピアノに似ているもうひとつの鍵盤楽器がチェンバロだ。これはドイツ語で、フランス語だとクラヴサン、イタリア語だとクラヴィチェンバロ、英語だとハープシコードという。一三九七年に書かれた書物にチェンバロのことが載っているというので、少なくともそれよりも前から、つまり六百年以上の歴史を持つ。ピアノはハンマーで弦を叩いて音を出すが、チェンバロは鍵を押すと連動した爪で弦を弾《はじ》いて振動させて音を出す。これを「撥弦楽器《はつげんがっき》」という。つまりギターや琴に原理は似ている。弱点は音の強弱を付けられないことだった。

そこで弦を叩くピアノが考案されると、衰退してしまう。だが今でもチェンバロの音を好む人が多いので、完全になくなったわけではない。

ピアノの発明は一七〇〇年前後とされる。ここで語源の確認をすると、「ピアノ」は音楽用語、つまりイタリア語で「弱く」という意味だ。反対の「強く」が「フォルテ」である。最初期のピアノは、イタリアでは「gravecembalo col piano e forte（優しく、また大きく鳴るチェンバロ）」と呼ばれていた。つまり、「強弱の出せるチェンバロ」である。それが省略されて、「ピアノ・フォルテ」とか「フォルテ・ピアノ」となって、さらに「ピアノ」となる。日本人は「ピアノ」という言葉を、あの楽器以外には使わないので違和感がないが、イタリア人にとっては「ピアノ」というのは日常会話でも使う「弱く」という言葉。「今日は、『弱く』のお稽古《けいこ》があるの」という感じで使っていることになる。

十九世紀半ばに、ピアノは劇的に改良されたので、それ以降のもの――つまり現在のもの――は「モダン・ピアノ」と呼ばれ、それ以前のものは「フォルテ・ピアノ」あるいは「ピアノ・フォルテ」と呼ぶようになったが、現在は「モダン・ピアノ」というのは何かとくべつに昔のものと区別しなければならないときくらいだ。

ピアノはまず、十八世紀後半のウィーンで改良が進み、その時代に登場したのがモーツァルトだった。だからモーツァルトによってピアノ・ソナタやピアノ協奏曲が発展し、ベートーヴェンがさらに次の段階へ深めた。

次の転換点が十九世紀の一八三〇年戦後で、今度はパリのメーカーが中心となった。当時のパリには、エラールとプレイエルという二大メーカーがあり、リストがエラール、ショパンがプレイエルと専属契約のようなものを結んだ。スポーツ選手が運動具メーカーと契約するようなものだ。

メーカーの技術革新と、音楽家・演奏家の藝術的欲求とがリンクし、ピアノとピアノ音楽は発展したのだ。

36 標題音楽と絶対音楽

クラシック音楽が「難解」「とっつきにくい」といわれる理由のひとつが、何を描いているのか分からないことにある。これは当然で、歌やオペラ以外の音楽は、もともと「何かを描いた音楽」ではないからだ。作曲家たちは、「ただ書いた」だけなのだ。五作目の交響曲であれば「交響曲第五番」でしかなく、ピアノ・ソナタの三曲目ならば「ピアノ・ソナタ第三番」でしかない。

しかし、そんなタイトルだと「売れない」と考えた興行師や楽譜出版社が、「運命」とか「葬送」などと勝手にニックネームを付け、あたかも「曲名」であるかのように流布させている。たしかに、そうしたほうが分かりやすいので、人気はある。《英雄》であれば、英雄を描いたもの、《悲愴》であれば悲愴を描いているんだな、というわけだ。だが、ベートーヴェンの交響曲第三番《英雄》は、英雄の生涯や英雄の戦いぶりを描いているわけではない。チャイコフスキーの交響曲第六番《悲愴》も、できた後に付けられた題で、チャイコフスキーは「悲愴」を描こうとして書いたのではない。

このような「題名のある音楽」は「理解」しやすいが、「誤解」もされやすい。《英雄》や《悲愴》といった「題」は「表題」かもしれないが、ロマン派の時代に開花した「標題音楽」の「標題」とは違う。「表題」と「標題」はともに「ひょうだい」なので紛らわしいが、「標題音楽（program music）」は、「標題（program）」に基づいて作曲された音楽で、その曲名（表題）は当然、標題と一致することが多くなるが、両者は別のものだ。そもそも、program を「標題」と訳したのが誤解のもとかもしれない。

「標題音楽」とは、一般的な説明としては「文学や絵画など、音楽外の観念や表象を元にして描いた音楽」となるが、先行する文学・美術作品がないものもあり、「作曲家の頭のなかに浮かんだ何らかの想念に基づいて作曲された音楽」という説明も成り立つ。あるいは作曲後に作曲家が聴く人が誤解しないように解説として標題を与えた音楽もあり、かなりややっこしい。いずれにしろ、実際にそうかは別として、楽器演奏だけの音楽でも、景色や思想や物語が描けることになった。

だが、当然、それに反対する人々もいた。標題音楽など邪道である、音楽は音楽そのもので物語などに従属すべきではない、というわけだ。こうした考えの人々は標題音楽に対立するものとして、「絶対音楽」という言葉を生み出した。

バッハやハイドンの時代には、標題音楽という言葉もなかったので、絶対音楽という言葉はなかったが、彼らの器楽曲は絶対音楽と定義づけられる。

ドイツのロマン派で絶対音楽派だったのが、ブラームスである。彼の四つの交響曲には標題はないし、交響詩もオペラも書かなかった。

ベルリオーズが啓示を受けたのが、ベートーヴェンの《田園》である。そのこともあり、《田園》を標題音楽の先駆的作品と位置づけることもできる。しかしこの曲は、外面的には標題音楽みたいだが、実際の田園の情景を描写したものではなく、田園にいるときの感情を示したものなので、絶対音楽だとする意見もある。

《田園》に限らずベートーヴェンの作品は、絶対音楽のようでいて標題音楽みたいだし、その逆でもあるので、解釈が難しい。

37 《四季》《革命》《悲愴》

クラシック音楽の題は、作曲家本人が付けたものと、出版社が死後（あるいは生前）勝手に付けたもの、日本だけでそう呼ばれているものなど、さまざまである。

そのなかには、同題異曲もけっこうある。小説や映画のタイトルにも、タイトルは同じだけど、内容が全然違うものがあるので、ちゃんと区別さえつけば問題はない。

多いのは《四季》。芹洋子《せりようこ》の《四季の歌》なども入れると際限なくなるが、クラシックに限ってもヴィヴァルディのヴァイオリン協奏曲集《四季》の他、ハイドンのオラトリオ《四季》、チャイコフスキーのピアノ曲集《四季》が有名だ。

ハイドンの作品はイギリスの詩人ジェームズ・トムソンが書いた長大な叙事詩『四季』をドイツ語に訳して、オラトリオにしたもので、二時間以上の大作だ。オラトリオとは、歌と楽器で叙事詩を演奏する音楽劇なのだが、オペラのように衣装を着けて演技をするのではなく、大道具や小道具などはない。もとは教会音楽で聖書を題材にしたものが多い。

チャイコフスキーのピアノ曲集《四季》は、一月から十二月までの十二曲で構成され、それぞれロシアの詩人が書いた詩のイメージを音楽にしたもの。ロシアではグラズノフも《四季》というバレエを書いている。

また、南米のアルゼンチンのアストル・ピアソラにも《ブエノスアイレスの四季》という作品がある。クラシックかどうかは微妙なところだが、ピアソラはタンゴを単なるダンス・ミュージックから鑑賞する音楽へと改革した巨匠。最近はクラシックの演奏家によって彼の曲が演奏されることが多い。《ブエノスアイレスの四季》は、春・夏・秋・冬の四曲からなるが、こちらは南半球の四季だ。最初に《ブエノスアイレスの夏》が書かれ、好評だったので、残りの三つの季節も書かれた。

ラトビア出身の世界的ヴァイオリニスト、ギドン・クレーメルが、このピアソラの《四季》と、ヴィヴァルディの《四季》とを《エイト・シーズンズ》というタイトルのもと、演奏・録音し、話題になった。

《革命》といえば、ショパンの練習曲作品十の第十二曲と、ショスタコーヴィチの交響曲第五番。ショパンのほうは、ロシアが故国ワルシャワに侵攻したと知り、怒りにうちふるえた感情をそのまま曲にしたものだが、ショパンが「革命」と名付けたわけではない。ショスタコーヴィチの「革命」は彼がソ連の共産党政権に批判されていたときに汚名返上のために革命の勝利を描いた曲とされ、日本で「革命」と呼ばれていたただけだ。ショスタコーヴィチが付けた曲名ではないし、ソ連で「革命」と呼ばれてはいない。

《悲愴》といえば、ベートーヴェンのピアノ・ソナタとチャイコフス
ある。ベートーヴェンのほうは、彼自身が名づけたもの。ベートーヴェ
ソナタには、《月光》《熱情》《テンペスト》など、タイトルのある曲があるが他人が勝手に名づけたもので、彼自身がつけたのは、《悲愴》と《告別》だけ

チャイコフスキーの《悲愴》については二〇二ページに記したが、初演後にの要請で題を付けることになり、チャイコフスキーが認めたもの。ベートーヴェ
意識していたかどうかは分からない。スクリャービンの練習曲にも、《悲愴》がある。

38 パガニーニ（Niccolò（あるいは Nicolò）Paganini　一七八二〜一八四〇）

あまりにも超絶技巧の演奏をし、とても人間業とは思えないため、当時の人々が「あいつは悪魔に魂を売り、その代償にあのテクニックを授かったに違いない」と本気で信じて噂したのが、音楽史上最も有名なヴァイオリニスト、イタリアのニコロ・パガニーニ。

十二歳で最初のコンサートを開き、天才少年としてデビューした。普通は神童でビューするのだが、パガニーニには幼年期の伝説はない。というのも、ヴァイを習い始めたのが七歳と、いわゆる神童たちに比べて遅いのだ。

最初のコンサートが成功し大金が転がり込んできたので、父親はさらに演奏させ、稼ぎまくった。いまなら児童虐待で問題になるかもし守銭奴ぶりは父親から本人にも受け継がれ、パガニーニは史上最家としても知られている。人気が出るにつれ、高額の出演料を要求すくいは誰でもするが、やがてあまりにチケット代が高くなったので、偽造チケトが出回るようになると、自分でコンサート会場の入口に立ってチケットをチェックしたという。そこまでやるアーティストはいないだろう。

パガニーニは「悪魔に魂を売った」男だと思われていたが、これは比喩《ひゆ》的な表現ではなく、本気でそう思われていたのである。そういう噂が流れたのには、テクニックもさることながら、彼の風貌《ふうぼう》にも原因があった。病弱だったために痩《や》せていて浅黒く、手や指が異常に長かったというのだ。一説によると、パガニーニはマルファン症候群という病気だったという。この病気は指が長くなり、関節が柔らかくなるという特徴がある。彼の超絶技巧はこの病気がもたらしたというわけである。

ニコロ・パガニーニ

パガニーニがマルファン症候群だったかどうかの確かな証拠はなく、当時の人々はそんな知識もなかったので、本気で悪魔と取引をしたと信じた。そのためパガニーニのコンサートでは、十字を切る人が多かったという。恐れながらも、「怖いものみたさ」で、コンサートはいつも大入り満員だった。

そして、教会もこの噂を信じた。パガニーニが亡くなると、悪魔に魂を売ったからとの理由で埋葬を拒否されてしまうのである。そのため遺体は防腐処理を施されて各地を転々とし、改葬を繰り返し、その死から八十六年も過ぎた一九二六年になって、ようやくジェノヴァの共同墓地に安置された。いかに彼が悪魔と恐れられていたかを物語るとともに、ヨーロッパのキリスト教というものが、本気で悪魔を信じているることを物語るエピソードである。神を信じる人々は悪魔も信じるのだ。

パガニーニは自分の腕前を披露するのにふさわしい曲を自作した。だが、生きているあいだは自作品の楽譜の出版を許可しなかった。それだけではない。オーケストラと協奏曲を共演する際には、オーケストラのパート譜をそれぞれの楽団員に配るのは演奏直前で、終わるとすぐに回収した。無断で写されて海賊版の楽譜が出回るのを恐れたのである。当時の楽譜出版は最初に出版されるときは引き換えに出版社からお金をもらえたが、著作権が確立されていなかったので、いまでいう印税はなく、どんなに売れても作曲家には収入はなかったし、コピーし放題だったのである。

パガニーニの協奏曲は、オーケストラとしてはぶっつけ本番となるので、当然、あまり難しい曲ではなかった。そのため、けっして名曲とはいえない。独奏者の腕前を聞かせる以外は聞かせどころのない曲なのだ。

したがって、こんにちでも演奏されるパガニーニの自作曲は、ヴァイオリンの独奏曲で、《二十四の奇想曲》が有名だ。二百年前は「悪魔に魂を売らなければ弾けない」と思われた難曲も、いまではコンクールの課題曲となり学生が弾いている。演奏技巧の進歩は著しい。

39 フランス音楽

フランス音楽といえば、「粋《いき》」ということになっている。少なくとも、ドイツの音楽よりは「粋」だと、誰もが感じるだろう。

ドイツ音楽はようするに形式重視。堅苦しいのである。押し付けがましいし、人によっては、「うざい」と感じるだろう。それに対してフランス音楽は、軽やかで華やかで小粋で洒落《しゃれ》ているのだ。

フランスはイタリアの影響を受け、音楽が盛んになり、ある時期まではドイツよりも先進的だった。王朝時代には、クープランやラモーといった作曲家が、クラヴサン（ハープシコード）やオルガン、管弦楽の作品を数多く書いている。このように、フランスには声楽よりも器楽音楽の伝統があった。しかし、これらの器楽曲でもドイツのように形式を確立していく方向にはいかない。自由な発想の曲ばかりである。

ところが、革命後のフランス音楽は停滞の時代を迎える。といって、音楽が聴かれなくなったわけではない。むしろその逆で、フランス革命で市民階級が擡頭《たいとう》してくると、パリは一大音楽消費都市になった。パリで消費されたのはフランス人による音楽ではなく、イタリアやドイツの作曲家が書いたオペラや、ポーランドから来たショパンの音楽だった。

音楽史上に残る大作曲家としてはベルリオーズがいるが、彼の革命性を理解したのは、ドイツのリスト（生まれはハンガリーだが、ドイツ語圏で活躍した）で、交響詩というジャンルに発展する。

フランスで誕生したもうひとつのジャンルが、オペレッタだ。「軽歌劇」「喜歌劇」などと訳されるように、基本は歌劇で、踊りもあり、ハッピーエンドで終わる喜劇である。オペレッタは日本では軽く見られがちであまり人気がないが、フランスで生まれると、ウィーンで大人気を博し、むしろ、パリよりも盛んになった。このオペレッタの代表的作曲家が《天国と地獄》で知られるオッフェンバック。大衆文化時代を迎えた第二帝政下のパリで絶大な人気を誇った。

パリ生まれのオペレッタがウィーンで発展したのと逆に、ドイツのワーグナーの影響がパリに及ぶようになる。重厚長大なオペラも人気が出てくるのである。だが、ワ

シャルル・グノー

ジャック・オッフェンバック

ーグナーはあまりにもドイツ民族主義を強調しすぎていたので、フランス人としてはいまひとつ気分が乗らない。フランス人によるオペラが求められるようになる。

　このような背景のもと、フランス人作曲家によるオペラが登場するのは十九世紀も後半になってからだ。それを代表する作曲家が、グノーだ。《ファウスト》《ロメオとジュリエット》など、現在でも上演されることの多い作品が生まれた。ここにきて、フランスのオペラはようやく盛り返すのだ。

　それに続いたのが、《カルメン》のビゼーだった。やがて、マスネが登場し、《マノン》や《タイス》、《ウェルテル》など、小説を原作にしたオペラを次々と発表した。これらの作品は人気があったゆえに通俗的すぎるとの批判も受けた。ワーグナーが生み出したライトモティーフの技法を使いながらも、軽妙さがあり、そこがフランス的なのだが、「甘ったるい」と批判された。

40 ベルリオーズ（Louis Hector Berlioz　一八〇三〜六九）

クラシックの作曲家というと、みな「偉い人」というイメージが強い。肖像画の多くは、歳をとってからのものなので、とても恋愛なんかには縁がなさそうだ。しかし、彼らにも、青春時代はあったのである。

その青春真《ま》っ只中《ただなか》の作曲家が、青春そのものの理由、つまり「好きな女の気を引きたい」という動機で書き上げたのが、ベルリオーズの《幻想交響曲》。この動機、不純ともいえるし、最も純粋な動機ともいえる。

それにしても、五分くらいのラブソングを作るくらいなら、ちょっと才能のある人なら、誰にでも可能かもしれないが、ベルリオーズは一時間近くもの交響曲を書いてしまうのだから、いったい、その恋の相手とはどんな女性だったのであろうか。

ベルリオーズはフランスの地方の医者の息子として生まれ、医者になるべくパリの医科学校に進学した。ところが、地方から出てきた青年にとって、パリはあまりにも

ハリエット・ベルリオーズ

エクトル・ベルリオーズ

刺激の多い街だった。たちまち、医者への勉強なんかどうでもよくなり、音楽などの藝術に夢中になってしまった。そして作曲家になると決めてしまうのだ。

そんな一八二七年のある日、パリにイギリスからシェイクスピア劇団が公演にやってきた。ベルリオーズはそれを観に行き、ジュリエットや『ハムレット』のオフェーリアを演じた女優ハリエット・スミッソンに一目《ひとめ》惚《ぼ》れしてしまう。もちろん、彼女は無名の青年など、相手にしない。失恋である。誰が考えても当然の結果なのだが、ベルリオーズはそう思わなかったらしく、狂人のようになってしまった。

そして、その過剰なまでの恋愛感情を音楽にしたのである。といって、「ハリエット、愛している」というようなタイトルのストレートな曲を書いたのではない。彼が作曲したのは、「異常に敏感な感受性と豊かな想像力に恵まれた若い藝術家が、恋の悩みによりアヘンを飲んで自殺を図るが、服用量が足りなかったため死には至らず、深い眠りに落ちて一連の奇怪な夢を見る。そこでは、感覚や情緒や記憶が病んだ心に音楽理念や映像となって変形される。恋人の姿も旋律と化し、固定楽想となって絶えずつきまとっている」というものだった。もちろん、ここでいう「若い藝術家」とはベルリオーズ自身のことである。彼が実際にアヘンで自殺を図ったのかどうかは分からないが、それに近いことはあったのではないだろうか。

この曲こそが、ロマン主義音楽の決定的な幕開けとなった、《幻想交響曲》だった。五つの楽章に分かれ、それぞれの楽章にも「夢・情熱」「舞踏会」「野の風景」「断頭台への序曲」「サバトの夜の夢」というタイトルが付いている。

ベルリオーズはこの年、フランスでの新人作曲家の登竜門であるローマ賞を受賞した。しかし、《幻想交響曲》によってではない。ベルリオーズは過去に三回、応募していたが、いずれもあまりにも斬新《ざんしん》な曲だったので、審査員の理解が得られず、落選していた。四度目の応募にあたり、ベルリオーズは賞金が欲しかったのであえて保守的なつまらない曲を書いて応募すると、今度は受賞した。

こうして一躍、有名作曲家となり、ついにハリエットと結婚してしまうのである。もっとも、この結婚はすぐに破局を迎えた。「愛は幻想、結婚は現実」という、オチだ。

こうして情熱的な恋は破局を迎えるが、《幻想交響曲》は、「標題音楽」という新しいジャンルを確立した。これをベースにして、リストは「交響詩」という新ジャンルを誕生させるのである。

41 メンデルスゾーン（Jakob Ludwig Felix Mendelssohn Bartholdy　一八〇九～四七）

一八〇九年はハイドンが亡くなった年だが、この年に生まれたのが、メンデルスゾーン。ベートーヴェンの二つの交響曲《運命》《田園》が初演された翌年にあたる。

フェリックス・メンデルスゾーン

そして一八一〇年にはシューマンとショパンが、一一年にはリストが生まれる。このように、前期ロマン派の重要人物はこの三年間に集中して生まれた。

日本ではメンデルスゾーンと呼ばれるが、正式な名は長く、ヤコプ・ルートヴィヒ・フェリックス・メンデルスゾーン・バルトルディとなる。

メンデルスゾーンは、神童から天才少年、そして夭逝《ようせい》というモーツァルト的生涯を送った作曲家だ。さらに美少年でもあり、銀行家の息子なので資産家でもあった。悲劇的なイメージが強いが、実はこれほど恵まれた人もいない。

生まれたのは前述のとおり一八〇九年で、父は銀行家で裕福な家だった。祖父はユダヤ系の有名な哲学者でカントに影響を与えたとされる人物。ハンブルクで生まれたが、一八一二年からベルリンに移ったのでハンブルクの記憶はほとんどない。幼い頃から姉と一緒に母親から音楽を学び、九歳でピアニストとしてデビューした。音楽に限らず、一般教養を含め、優秀な家庭教師が雇われた。邸宅では定期的にメンデルスゾーンと姉の演奏会が開かれ、ベルリンの名士・インテリたちが集まった。

一八二六年、十七歳の年に、シェイクスピアの戯曲を音楽にした《夏の夜の夢》序曲を作曲し、作曲家として知られるようになる。

バッハの《マタイ受難曲》の復活上演をしたのは、一八二九年。メンデルスゾーンがリスクを負う興行で彼自身が指揮をした。この公演は大成功し、この曲が名曲となるきっかけとなった。メンデルスゾーンはシューベルトの曲も、甦《よみがえ》らせている。交響曲第八番《グレイト》の楽譜を発見したのはシューマンで、それを初演したのがメンデルスゾーンなのである。この二人は親しかった。

このように、メンデルスゾーンは指揮者としても功績は大きい。というよりも、指揮者を独立した職業にしたのはメンデルスゾーンだといわれている。それまでの指揮者はオーケストラに背を向けて、つまり客席のほうを向いて、手を振って、拍子をとるだけだった。それを、メンデルスゾーンはオーケストラのほうを向くようにし、さらにオーケストラの楽団員に自分の音楽の解釈を伝えるようにしたのだ。

一八三五年、二十六歳になる年にライプツィヒのゲヴァントハウス管弦楽団の指揮者となり、指揮法を確立するとともに、今日にいたるオーケストラのコンサートのプログラムのかたちを創り上げた。新曲中心だった演奏会市場に、「過去の名曲」という新商品を提供したのである。バッハにつづきベートーヴェンも、メンデルスゾーンによって、コンサートのレパートリーとして復活した。このように、メンデルスゾーンによって、今日の「クラシック音楽興行」の基礎が築かれたといっていい。

作曲家としても、五つの交響曲、ヴァイオリン協奏曲をはじめ、ピアノ曲「無言歌集」など、ロマン派の代表とされる名曲を遺《のこ》した。「無言歌」とは、逆説的な言い方で、ピアノ曲なのでもともと歌詞などないわけだが、あえて、そう呼んだ。歌のような曲という意味である。

ライプツィヒでは名声を得られたが、ベルリンではユダヤ人であることから妬《ねた》まれたりして、あまり成功はできなかった。一八四七年、慕っていた姉が亡くなると、半年後にその後を追うように亡くなってしまった。三十八歳だった。

42 シューマン（Robert Alexander Schumann 一八一〇年～五六年）

シューマンは作曲以外にも、音楽評論を確立したり、シューベルトの交響曲を発見したり、さまざまな功績がある。

ロベルト・シューマンは、一八一〇年にドイツのザクセンで五人きょうだいの末っ子として生まれた。父は出版業を営んでいた。そういうわけで文学にも子どもの頃から親しんでいた。ところが、十六歳のときに姉が自殺し、父も亡くなってしまう。遺産があったので生活には苦労せず、法律を学ぶ大学に進んだ。それまで音楽の勉強は作曲も楽器の演奏も、本格的にはしていない。大学在学中の一八二八年にベートーヴェン作品の連続演奏会を聴いて衝撃を受ける。ベルリオーズも同じ頃にパリでベートーヴェンを聴いて、《幻想交響曲》を作曲したわけで、いかにベートーヴェンの曲が当時の青年に大きな影響を与えたかが分かる。

シューマンの場合、すぐに作曲しようとは思わなかったらしい。有名なピアノ教師ヴィークと出会ったことから、まずはピアニストになりたいと思うようになる。その教師の娘が、後に妻となるクララだった。

こうしてピアノを習い始めるが、二十歳を過ぎてから始めたのでは、ほとんど絶望的だった。これは今も同じである。だいたいプロのピアニストになった人は三歳から五歳で始める。幸か不幸か、二年ほどで指が動かなくなるというアクシデントに見舞われ、ピアニストの道は断念する。そのかわり、音楽家としての道は諦《あきら》めず、作曲の道を歩む。

作曲家としてのシューマンの初めて出版された曲は、一八三〇年の《アベック変奏曲》。以後、ピアノ曲を集中的に作曲する。

ロベルト・シューマン

さらに、音楽評論を書くようになり、さらには父が出版の仕事をしていた影響もあってか、一八三四年に音楽評論誌「新音楽雑誌」を創刊し、編集長兼主筆として活躍する。

音楽評論家としてのシューマンの業績としては、ショパンをいちはやく認め、その才能を称《たた》えたことが知られている。さらには、シューベルトの最後の交響曲である《グレイト》の楽譜を発見したのもシューマンだった。シューマンは、シューベルトを高く評価していたので、一八三九年にシューベルトの兄を訪ねて遺稿を見せてもらい、そのときに《グレイト》の楽譜を発見したのだ。シューマンは友人でもあったメンデルスゾーンにこの楽譜を見せ、彼が指揮して初演されることになった。

クララとの恋愛はいよいよ本格的なものとなっていたが、クララの父が認めなかったので、二人はなかなか結婚できない。裁判になり、一八四〇年にようやく結婚できた。

結婚と関係があるのかは分からないが、一八四〇年代からはピアノ曲だけでなく、歌曲の作曲も始め、交響曲第一番《春》が、一八四一年に完成した。標題をもつ交響曲である。メンデルスゾーンの指揮で初演され、成功した。

このあたりが作曲家としても全盛期といえる。室内楽曲も手掛けるようになり、さらにはオラトリオも作曲した。デュッセルドルフ市の音楽総監督になり、指揮者としての仕事もしていたが、人間関係がうまくいかなくなり、そのせいか、一八四四年頃から精神を病むようになってしまう。それでも作曲に打ち込んでいた。

一方、妻のクララはピアニストとして認められ、人気もあった。子どもが八人も生まれたが、その出産と育児の合間をぬって、公演旅行に出ていた。そんな妻の人気がシューマンとしては、面白くなかったようだ。ますます精神が不安定になる。一八五四年には投身自殺を図るが未遂に終わる。その後は精神病院に入り、二年の療養の後、その病院で生涯を終えた。四十六歳だった。

43 クララ・シューマン（Clara Josephine Wieck-Schumann　一八一九〜九六）

クララ・シューマン

クララ・シューマンは音楽史における女性演奏家（歌手以外の）、女性作曲家として最初期のひとりだ。それ以前の音楽史に出てくる女性は、歌手を除くと、「バッハの妻」とか「モーツァルトの姉」とか「モーツァルトの悪妻」のように、誰かの家族として登場し、演奏家だったり作曲家だったりしたわけではない。人格をもって女性として音楽シーンで活躍し、歴史に名をのこした最初の人なのだ。

クララ・シューマンは一八一九年にライプツィヒで

生まれた。後に夫となるロベルト・シューマンの九歳下だ。父フリードリヒ・ヴィークはピアノ教師、音楽書店の経営者だった。母はピアニストだったが、クララが六歳の年に離婚した。

クララは天才少女として音楽シーンに登場した。それまでも貴族や富豪の娘や妻はピアノを演奏していたが、あくまでも家庭で楽しむためであり、彼女たちは興行していたわけではない。クララはプロの女性ピアニストとして大成功した最初の人だ。といって、彼女はコンテストで優勝してデビューしたわけではない。この時代、まだコンテストなるものは存在しない。彼女は高名なピアノ教師の娘だったので、その才能が幼い頃に見出《みいだ》され、父によって鍛えられて、デビューしたのだ。作曲の勉強もさせられていた。

父のもとにシューマンが弟子入りしたのは、一八二八年、クララが九歳になる年だった。そのときはまだ恋愛関係にはならなかったが、シューマンが他の女性に失恋した後、急接近し、恋に落ちた。その恋が深まるのと並行して、女性ピアニストとしてクララの名声は高まった。パリやウィーンへも演奏旅行に行き成功した。一方のシューマンはまだ才能が世間に認められていない。九歳下のクララのほうが音楽家としてはるかに格上になっていた。

だからヴィークは二人の結婚に反対する。シューマンは彼の弟子ではあったが、指を痛めたためピアニストにはなれず、作曲家になったとはいえ、先行きに不安があった。とても音楽史上に残る大作曲家になるとは思えなかったのである。そんな奴に、一流ピアニストにまで育てあげた大事な娘をやるわけにはいかん、というわけだ。しかし、二人は結婚を諦めない。訴訟まで起こして、ようやく一八四〇年に結婚した。

二人の結婚生活は順調であるかのようだった。クララはピアニストとしての仕事も続けながら、シューマンを支えた。だがシューマンは、もともと繊細で感受性が強かったことから（藝術家によくあるタイプ）、やがて精神の均衡がとれなくなっていく。自分よりも妻のほうが有名で収入が多い、（プライドの高い）男性が陥る、よくある話でもある。

そんな一八五三年のある日、音楽界でそれなりの大物だったシューマンのもとを、ひとりの青年が訪れた。一八三三年生まれのブラームスである。この年の誕生日で、シューマンは四十三歳、クララは三十四歳、そしてブラームスは二十歳。三人がこのような年齢差であることを確認しておこう。

シューマンは若きブラームスの才能を高く評価し、ブラームスはシューマンを尊敬して慕い、頻繁にシューマン家を訪れるようになった。やがてシューマンはクララとブラームスの仲を疑うようになり、そういう自分がいやになり、精神的に追い詰められていく。

一八五四年、ついにシューマンは投身自殺をはかってしまう。そのときは助かるが、精神病院に入ることになり、結局、一八五六年に亡くなる。

未亡人となったクララを、ブラームスはその後も献身的に支えた。他の女性との恋愛もしたが、結局、ブラームスは生涯を独身で通した。そして、一八九六年にクララが亡くなると、その翌年、後を追うようにしてブラームスも亡くなるのである。

44 ショパン (Frédéric François Chopin 一八一〇〜四九)

作曲家にはそれぞれ得意とする分野があるが、大作曲家として名を残す人々は、そのほとんどが、多くのジャンルの曲を手がけている。そのなかにあってピアノ曲ばかりを書いたショパンは、かなり異質といっていい。協奏曲など、ピアノとオーケストラの曲もあるが、ほとんどがピアノ独奏曲で、彼自身が弾くためのものだった。そのかわり、ピアノ曲においては、まさに第一人者といっていい。技巧面でもさまざまな

ジョルジュ・サンド

フレデリック・ショパン

表現様式を生み出し、それまでになかったピアノ音楽を築き上げた。
フレデリック・ショパンは一八一〇年にワルシャワ近郊で生まれ、やがてワルシャワ音楽院に進んだ。一八二九年、音楽院を卒業するとウィーンへ行って、演奏会を開いたところ好評だった。これで自信を得たショパンは、いったん故郷に戻るものの、再びウィーンへ行こうと決意する。
その頃のポーランドはロシアの支配下にあったが、それから独立しようという運動が密《ひそ》かに展開されていた。一八三〇年十一月、ショパンはそんな独立運動の気配を感じながらも故郷を旅立った。ウィーンに到着すると、ワルシャワで市民が蜂起《ほうき》したとの報が入った。当時、オーストリアとロシアは友好関係にあった。そのため、ロシアに叛旗《はんき》を翻したポーランドから来たショパンに対し、ウィーンの人々は冷淡になってしまった。

ショパンはウィーンにいても将来展望が開けないと思い、ロンドンに向かった。その旅の途中でワルシャワ蜂起が失敗に終わったことを知り、その絶望感のなか、エチュード《革命》を作曲した。

結局、ショパンはロンドンへは行かず、パリに落ち着いた。それが一八三一年秋で、前年の七月に起きた「七月革命」によって、パリはブルジョワジーが台頭し、藝術家たちは自由な雰囲気を満喫していた。たちまち、ショパンもパリに魅せられた。

パリでの演奏会は最初のうちは好評で、どうにか生活していけそうだと思われた。しかし、だんだんにショパンは経済的に苦しくなっていった。それを救ってくれたのが、ワルシャワから亡命してきたポーランド貴族たちだった。亡命者といえども彼らは裕福で、パリの社交界で暮らしていた。ショパンはそんな亡命貴族の手引きで、パリの社交界に出入りできるようになったのである。

ショパンの繊細な音楽はたちまちパリ上流階級の御婦人方を捉《とら》え、たちまちショパンは社交界のスターとなった。貴族たちのサロンで演奏したり、貴族の娘にピアノを教えたりするのが、彼の収入源となった。

そこに現れるのが、男装の麗人、女流作家のジョルジュ・サンドである。ショパンより六歳年上で別れた夫との間に一男一女がおり、その数々の恋愛遍歴はパリで知らぬ者はなかった。そんな女性とショパンは恋に落ちてしまう。そして同棲《どうせい》生活が始まった。普通はこれで女性ファンを一気に失うわけだが、ショパンの人気はそんなことくらいでは落ちなかった。もっとも、パリの女性たちを刺激しないように、二人はパリにいるときは別々に暮らし、一緒に暮らすのは、マジョルカ島や、ノアンというフランス中部の町にあるサンドの別荘にいるときだけだったという。二人の関係は九年続き、その間にショパンは数々の傑作を生み出した。その一方で肺結核に苦しんでもいた。

一八四六年、ショパンとサンドはついに破局を迎えた。その後のショパンは、演奏活動はしていたが、作曲はほとんどしなくなった。そして、一八四九年、三十九歳の若さで亡くなった。この簡単な経歴を見ただけでも、サンドがショパンの創作意欲を刺激し、数々の傑作を生み出す原動力となっていたのは明らかである。サンドなしではショパンの藝術は別のものになっていたであろう。

45 「練習曲」

ピアノ・リサイタルのプログラムの定番のひとつが、ショパンの「練習曲（エチュード）」。ショパンは全部で二十七の練習曲を書いており、そのなかには日本でだけ《別れの曲》と呼ばれているものや、《革命》《木枯らし》などのタイトルで知られているものもある。

ショパンの遺《のこ》した曲は、そのほとんどが、現代のピアニストたちのレパートリーとして、コンサートで頻繁に演奏される。ベートーヴェンは「ピアノ・ソナタ」を三十二曲も作ったが、ショパンは三曲しか作っていない。つまり、古典派の作った様式にはあまり囚《とら》われず、自由な形式の曲を作ったのだ。それが、エチュード、バラード、ポロネーズといった新しいジャンルの曲だった。そのほとんどは、自作自演のリサイタルのために作られた。

ショパンの作品は、タイトルのある曲も多いが、有名な《革命》も《別れの曲》もみな後から付けられたニックネームで、ある「モノ」や「コト」、あるいは文学作品を音楽として表現しようという意思はない。ショパン自身、タイトルを付けることを嫌っていた。その意味では、ロマン派らしくはない。

ショパンはさまざまなジャンルの曲を書いたが、それによって「ショパン」というジャンルを確立したのかもしれない。

J・S・バッハの「平均律クラヴィーア曲集」も、練習曲の一種だし、シューマン、リスト、ドビュッシー、ラフマニノフなど、多くの作曲家がピアノのための練習曲を書いている。ピアノだけではなく、ヴァイオリンや管楽器や木管楽器にも、それぞれ練習曲がある。

考えてみれば、練習曲をプロが有料のコンサートで披露するのは、おかしな話である。スポーツ選手がトレーニングの様子を有料で見せるようなものだ。

練習曲には、実は二つの種類がある。ひとつは、文字どおりの、「ピアノの練習のための練習曲」で、もうひとつが演奏会用練習曲である。

前者は音楽学校やピアノ教室で生徒が練習のために弾くもの。その曲ごとにマスターすべきテクニックがあり、それを繰り返すことで、その技巧を習得するのである。当然、弾いても面白くないし、聴いてももっと面白くない。単純な音形の反復がほとんどだ。ピアノ教室の発表会でも、こういう練習曲を弾くことはまずない。

コンサートで演奏されるショパンの練習曲は、こういう練習のための練習曲とはまったく別のもので、音楽作品として完成されている。高度な技巧が必要な曲ばかりで、その意味ではテクニックの「練習」になる。だが、ショパンは真の技巧を習得するためには、指の動きのトレーニングをするだけではだめで、知性や感性を磨かなければならないと考えていた。そのため、テクニックが前面に出るのではなく感性が重視され、より高度な練習曲となっている。

同時代にピアニストにして作曲家だったのがリストで、二人はライバルとされているが、リストが大きなホールでのコンサートがメインだったのに対し、ショパンは小さなサロンで演奏するのがメインだった。

究極の練習曲といえるのが、リストの、その名も《超絶技巧練習曲》であろう。ピアノにおける演奏技巧の極限がここにはある。テクニックだけではだめだという考えも正しいが、テクニックがなければ何も始まらない。この《超絶技巧練習曲》がスラスラと弾けるようでなければ、プロではないのだ。

第V章　後期ロマン派

46 後期ロマン派

ロマン派（ロマン主義ともいう）の時代はほぼ十九世紀全般と長い。そこで、一八五〇年前後を境にして前期と後期に分けることが多いが、一八五〇年に劇的に何かが変わったわけではない。

ただ、一八四七年にメンデルスゾーン、四九年にショパン、五六年にシューマンが相次いで亡くなったので、彼らを前期ロマン派とするのは合理性があるかもしれない。同世代のリストやワーグナーは、一八五〇年以降のほうが活躍しているので、後期にまわされる。

こうして、十九世紀後半、長くても二十世紀の第一次世界大戦頃までを、音楽史では「後期ロマン派」の時代という。

一八六一年にはロシアで農奴解放、イタリア王国成立、アメリカで南北戦争が起きている。その少し前、一八五三年には浦賀《うらが》に米国艦隊がやってくる。いわゆる黒船であり、幕末動乱の幕開けとなる。日本も世界地図のなかに書き込まれるようになる。

西洋文化が日本に流入するのと並行して、日本の文化もヨーロッパ、アメリカに伝わった。とくに、浮世絵がヨーロッパの画家たちに与えた影響は大きい。それに比べれば、日本の音楽はヨーロッパの音楽にあまり影響を与えていない。絵は、現物を持って行けるが、音楽の場合、録音技術のない当時は輸出が不可能だったからである。

前期ロマン派で準備されたものが、後期になって花開き、そして頂点に達する。そこには、美術史に見られるような、○○主義と△△主義の対立といった図式はほとんどない。細かい枝分かれはしつつも、音楽史はひとつの方向に流れていく。

方向はひとつでも、ドイツ音楽中心だった音楽史は、その領域をロシア・東欧、あるいはアメリカへと広げていく。イタリア、フランス、イギリスといったかつての音楽先進国も、盛り返していく。相対的にドイツの力は弱まっていき、それは、ハプスブルク帝国の権力が失われていくのと連動しているかのようだ。

ハプスブルク帝国に支配されていた国は独立していき、そのナショナリズムの高まりを、音楽は後押しした。ナショナリズムの鼓舞に貢献したのである。当時は、それが正しいことだった。国民楽派と呼ばれる音楽家たちの登場である。

音楽家は、画家と比べて、社会への反抗心が薄い。画家は自分で絵を描けばそれで作品が完成するが、音楽の場合、五線譜にいくら音符を書いたところで、演奏されなければ意味がない。作曲家そのものは、宮廷や教会から自立していたが、大規模なオーケストラやオペラハウスの多くは国立・州立のもので、国家に従属していた。そういうわけで、音楽というものは、なかなか国家から自立できないのだ。

47 リスト（Franz Liszt 一八一一〜八六）

フランツ・リストは一八一一年にハンガリーで生まれた。父はかつてハイドンが雇われていたエステルハージ家の執事で、ヴァイオリンやピアノの演奏家でもあった。リストはこの父にピアノを習い、七歳で演奏会を開く。神童の誕生である。父はすべてを息子に賭《か》けることにした。エステルハージ家を辞め、息子を巡業させながら教育するためにウィーンに向かうのである。

一八二二年のウィーンでのコンサートは大好評で、感激したベートーヴェンはこの神童を抱きかかえたという伝説があるが、創作らしい。

その後、ブダペスト、ミュンヘン、パリ、ロンドンとヨーロッパ各地をまわり、一躍、スターになる。このあたり、まさにモーツァルトの再来である。だが、スイスに行ったところで、父が過労で死んでしまう。一八二七年、リストがまだ十六歳の頃である。リストは自分もまだ少年なのに、ピアノの家庭教師として働かなくてはならなくなった。教え子のひとりだった伯爵令嬢と恋に落ちるが、身分が違うと父親に交際を反対され、引き裂かれてしまうという苦い経験もした。この若いときの苦労が、後の彼をつくりあげるのである。

いったん演奏家への道は断念していたが、一八三〇年頃から、再び音楽活動を始めるようになり、《幻想交響曲》で脚光を浴びているベルリオーズやショパンと知り合う。ハンサムだったので社交界ではショパンと人気を二分した。夫も子もいる伯爵夫人マリー・ダグーと不倫の恋に落ちて、駆け落ちしたのも有名な話だ。他にも何人もの女性と関係があった。それでも、「ピアノの魔術師」として絶大な人気を誇り、スター・ピアニストとしてヨーロッパ中を演奏旅行した。

一八三九年から四七年までの八年間に、リストは二六〇の都市で約一〇〇〇回のリサイタルを行なった。ピアニストがひとりだけで演奏会を開く、いわゆる「リサイタル」はリストが始めたものだった。それまでの演奏会はオーケストラや歌手にまじってピアニス

フランツ・リスト

トも出て、それぞれが演奏するものだったのだ。そのため、ピアニストは自分で費用を出してオーケストラを雇って公演をしていたが、ピアニストだけでも演奏会が成り立つとリストが示したので、以後はこのスタイルの演奏会が増えていく。

同時代にパリで活躍したショパンとは、互いによく知っていた。気の弱いショパンは、リストの演奏技術の巧みさには脅威を感じていたようだ。だが、作曲についてはそう高く評価していなかったらしい。ショパンが自分でいうには、「ぼく（ショパン）の曲をリストが弾くときが最高だ」。つまり、演奏技術ではリストにかなわないとしながらも、作曲では自分のほうが上だとショパンは思っていた。

リストは長生きしたこともあって、音楽界のドン的な存在になった。大成功した人生だったといえる。だが、その死から百年以上たってみると、ショパンのいまだ衰えぬ人気に比べて、リストは一般の人々のあいだでの知名度は低く、人気があるとはいえない。最後の勝利者はショパンだろう。

リストの音楽史における貢献としては、「交響詩」というジャンルを創設したこと、演奏会形式のリサイタルを初めて行なったこと、ピアニストの教育活動にも貢献したことなどがあげられる。教育者としても、教えた弟子の数が四百人と言われるほどの貢献をした。しかも、誰からもレッスン料はとらず、それぱかりか金銭的な援助までした。

長生きもしたので、音楽界の最大実力者となった。熱心なカトリックでもあったので司祭にもなり、宗教曲も多く書いている。

48 交響詩

ベルリオーズの一八三〇年の作品《幻想交響曲》は、交響曲という様式を大きく逸脱するものだった。だから名作となったわけだが、それに追随する者はすぐには現れなかった。ベルリオーズ自身も、自分の作品の革命性にそれほど自覚がなかった。当人はベートーヴェンに倣ったつもりだったからだ。

影響を受けた作曲家がシューマンで、最初の交響曲は《春》という標題を持ち、当初は各楽章にも標題があったが、それは破棄された。メンデルスゾーンも、第三番《スコットランド》はスコットランド旅行中に得た、その地の印象から書いた。

彼らはこのように、交響曲に標題性を持たせたものの、様式はハイドンが確立した古典派の四楽章形式に基本的には準じた。

オーケストラによる標題音楽で、交響曲という様式には囚《とら》われない自由なものを作ろうというので、一八五四年にリストはバイロンの詩を題材にした《タッソー》という作品を「交響詩」として発表した。この曲は以前に作曲されたものでそれを改訂したものだったが、その際に「交響詩」と呼んだのである。以後、リストはいくつもの交響詩を作曲していく。いずれも文学作品を題材にし、それを音楽で表現したものだった。合唱や独唱など歌はつかない。そして、楽章ごとに分かれることはなく、最初から最後まで休むことなく続く。これは交響曲という様式の枠組みを壊すものだった。

もちろん、リストに影響を与えたベルリオーズの《幻想交響曲》は、内容的には「交響詩」といっていいし、さらにはベートーヴェンの《田園》も「交響詩」的ではある。しかし、それを言い出すと標題のあるオーケストラ曲はみな交響詩になってしまうので、やはり、「これは交響詩という新ジャンルである」と宣言して作曲したリストに、創始者としての栄誉は与えられるべきであろう。

リストの交響詩で有名なのは、《前奏曲》という作品だ。混乱するタイトルだが、フランスの詩人ラマルティーヌに「前奏曲」という詩があった。それは、「人間の生涯は、死への前奏曲にすぎない」という内容だ。リストはこの詩を音楽にした。

リストの交響詩はいまではあまり演奏されないが、二十世紀に活躍するリヒャルト・シュトラウスが発展させていく。

一方、交響詩のルーツともいうべき《幻想交響曲》を生んだフランスはというと、もともとこの国の人々は自由を愛するので、「交響曲」という様式に縛られるのは好まない。グノー、ビゼー、サン＝サーンス、フランクといった作曲家がそれぞれ数曲ずつ交響曲を遺《のこ》しているだけだった。だから、様式的に自由である「交響詩」のほうが、国民性には合っている。ドビュッシー、ラヴェルなどが多くの交響詩を遺すが、あえて「交響詩」としているものは少ない。フランス人は曲のジャンル名そのものもどうでもいいのである。

ところがドイツ人は「自由な様式」というひとつの「様式」を作ることによって、ようやく自由になれる。

49 ロマン派のオペラ

ロマン派とは「物語派」である。となれば、楽器だけで演奏する交響曲や交響詩よりも、歌詞のついた歌曲や音楽劇であるオペラこそが、その本領を発揮する。

イタリア・オペラはロッシーニという巨人が十九世紀前半に活躍し、その後、ドニゼッティ、ベッリーニが続いた。二人の作品には主役のソプラノによる「狂乱の場」があり、高音の限界を出すことで、異常な精神状態、人間の心理の限界を表現することを発明した。これこそが、オペラでなければできないものだった。

ロッシーニ、ドニゼッティ、ベッリーニの三人の活躍する時代は十九世紀前半で終わり、後半からはヴェルディがイタリア・オペラ界を一身に背負う。

一方、フランスはまた別のオペラを好んだ。革命後は市民が聴衆としてオペラを支えたわけだが、波瀾《はらん》万丈の物語が好まれた。となると、逃亡と追跡のドラマが最も単純である。これを「救出オペラ」と呼び、ひたすら、こういうものがたくさん作られたのである。

いまのテレビの二時間もののサスペンスドラマみたいなものと思えばいい。さらに、屋外での上演も多かったので、大音響が必要となり、大衆受けするためには覚えやすい旋律でなければならないというわけで、ますます大衆化していった。見かけは派手で壮大であることから、「グランド・オペラ」というが、中身は空っぽなので、こんにちではほとんど上演されない。

十九世紀後半になって、藝術的水準の高いものが生まれるようになる。グノーの

《ファウスト》、サン＝サーンスの《サムソンとデリラ》、そして、ビゼーの《カルメン》がこの時期の名作である。いずれも、原作となる文学作品があるものだった。

そして、ドイツにはまずはヴェーバーが登場する。それまでにもドイツには、モーツァルトやベートーヴェンのオペラがあったが、人気があるのはイタリア・オペラだった。

ドイツ・ロマン派の牙城《がじょう》でありながら、ドイツ語のオペラがない状態から脱却するのが、一八二一年のカール・マリア・フォン・ヴェーバーの《魔弾の射手》だ。ドイツの民話を原作として、魔術とか真実の愛といったドイツ・ロマン派の象徴的要素が盛り込まれたもので、これによって、ロマン派オペラが完成したのである。

このオペラを少年時代に観て育つのが、ワーグナーだった。

カール・マリア・フォン・ヴェーバー

ワーグナーによってドイツ・ロマン派のオペラは頂点に達する。ヴェーバーもそうだが、ワーグナーも、ともにナチスにも利用されてしまうわけだが、それだけドイツ民族の血に訴えるものがあったということだ。それはヴェルディのオペラも同じだった。ヴェルディが生きた時代は、イタリアが独立・統一国家樹立へ向から民族運動が高まった時期だったのだ。

ワーグナー、ヴェルディはともに一八一三年に生まれ、ともにそれぞれの民族主義の高まりのなかで活躍したのである。

50 ワーグナー (Wilhelm Richard Wagner 一八一三〜八三)

ワーグナーの生涯は、不道徳なことだらけである。偉大な藝術家であることは間違いないが、人間としてとなると偉大かどうかは評価が分かれるところだろう。とにかく、金と女に関しては、ありとあらゆることをした。そして、最後には巨額の借金を国王に肩代わりさせてしまうのだから、立派といえば立派だし、とんでもないといえばとんでもない。

リヒャルト・ワーグナーは一八一三年にライプツィヒに生まれた。「最初の父」は警察署の書記だったが、彼が生まれた半年後に亡くなる。そしてその九か月後に母は俳優で脚本家だった「二人目の父」と再婚する。ワーグナー自身は、自分は「二人目の父」と母との不倫の子ではないかと疑っていた。出生からしてスキャンダルじみているのだ。

家じゅうが芝居好きだった影響で、ワーグナーも芝居が好きになる。とくに、ギリシャ悲劇とシェイクスピアに夢中になった。演劇少年として人生をスタートしたのだ。音楽に目覚めるのは、一八二八年、ベートーヴェンを聴いたときである。感激したワーグナーは音楽家になると決意し、図書館に通い独学を始める。さすがに、完全な独学ではなく、教会の合唱団の指導者から作曲技法は習っている。

そして十九歳で初のオペラを作曲してしまうのだ。その後は作曲だけではなく、歌劇場の指揮者を務めるなどして、とりあえず順調に世に出た。だが歌劇場音楽監督になってもすぐにクビになるなど、失業生活が続く。ところが、生活は派手で浪費していた。その原資はというと、借金である。かくして、ワーグナーを生涯苦しめる借金との闘いが始まる。それでも自分の才能を信じるワーグナーは、借金取りから逃げながら、創作を続け、売り込みを続けていった。

女性関係としては、最初の結婚は二十一歳のときで、相手は四歳年上の女優。だが、この結婚は最初からあまりうまくいっていなかった。

リヒャルト・ワーグナー

四十歳を過ぎてからワーグナーは不倫の恋に落ちる。相手は、膨大な負債に苦しむワーグナーを援助してくれた貿易会社の代表者の妻。いわば恩人の妻と不倫の関係になるのである。この女性マティルデは夫よりも十三歳も年下で、文学などへの造詣《ぞうけい》も深く、ワーグナーとしては初めて藝術を語り理解しあえる相手だった。しかし、この不倫の恋は最後までプラトニック・ラブだったということになっている。そして、この恋の体験が最高傑作《トリスタンとイゾルデ》を生んだとも言われている。

その次のワーグナーの相手がリストの娘で、指揮者ハンス・フォン・ビューローの妻だったコジマ。ワーグナーは法律上の妻と別居状態にあり、コジマもビューローとの婚姻関係が続いているうちから、二人は公然と一緒に暮らし、子どもも生まれていた。ワーグナーの妻が亡くなり、コジマの離婚が成立すると、二人は正式に結婚した。

ワーグナーには浪費癖があり、収入よりも支出のほうが多い贅沢《ぜいたく》な暮らしをしていたため、巨額の借金を抱え、身動きがとれなくなって逃亡していた。まさに人生最大の危機のときに、国王に即位したばかりのルートヴィヒ二世がワーグナーを見つけ出し、経済的援助を申し出たのである。

モーツァルトの時代まで、音楽家は王侯貴族の使用人だった。その後、ベートーヴェンになって、音楽家は藝術家としての地位を得て、使用人の身分から脱し、貴族たちをパトロンとするようになったが、ワーグナーにおいてついに、国王のほうから援助させてほしいと言ってくれるまでになった。ルートヴィヒ二世とワーグナーとは主従関係ではなく、対等の友人となったのである。この点において、ワーグナーは階級闘争の勝利者であった。もっとも、彼の場合、自分さえよければそれでよく、音楽家全体の地位向上など、考えもしなかった。

51 《ニーベルングの指環》

ワーグナーの、というよりも世界音楽史上最大規模の作品が、《ニーベルングの指《ゆび》環《わ》》である。上演に四夜かかる超大作で、CDだと十五～十六枚になる。四日なのだが「序夜と三晩の楽劇」と呼び、序夜《ラインの黄金》、第一日《ワルキューレ》、第二日《ジークフリート》、そして第三日《神々の黄昏《たそがれ》》となる。

台本もワーグナーが自分で書いたが、最初から超大作を予定していたわけではなかった。最初に台本ができたのは、物語の最後にあたる《神々の黄昏》の部分だった。しかし、それだけだと、何の話が分からないので、その前編も書こうと《ジークフリート》ができた。そして、さらに主人公の親の話も書かなければと《ワルキューレ》を書き、もっとさかのぼってしまえと、すべての発端である《ラインの黄金》ができた。

このように四部作の台本は、うしろから完成した。それから作曲にとりかかったのだが、今度は頭から始めた。しかし、いつまでたっても終わりが見えないので、中断して別の作品にとりかかった。それが、最高傑作《トリスタンとイゾルデ》だった。

さて、《ニーベルングの指環》四部作の物語は、それを手にした者が世界を支配できる指環をめぐり展開する。「なんだ、『ロード・オブ・ザ・リング』（指輪物語）と同じではないか」と思うかもしれないが、同じなのは指環をめぐる話だというだけ。両者はまったく異なる物語だ。むしろ、《指環》は別の大作映画に似ている。

《指環》には、北欧神話、ゲルマン民族の神話、そしてドイツの民間伝承など、さまざまな要素が投げこまれている。登場人物は神々だ。神々のなかの神が、人間の女性と浮気して、その間に生まれた双子の兄妹《きょうだい》がいる。そのふたりがお互いにそれと知らずに結ばれてしまい生まれたのが、後半の主人公ジークフリート。さらに、父と子の対決もある。

全宇宙的な壮大なスケールの物語でありながら、つきつめれば単なる一家族の物語で、父子の対決に双子の兄妹とくれば、これはもう『スター・ウォーズ』そのものだ。後半から先にできたという成立過程まで似ているし、音楽的にも似ているのだ。もちろん、ジョージ・ルーカスはワーグナーを意識して製作したに違いない。

ワーグナーがなしとげた音楽における最大の革命が、ライトモティーフの考案と確立だった。「示導動機」と訳されるが、無理に訳して覚える必要はない。人物、思想、感情、事件ごとに、それを表現するメロディーがライトモティーフ。ワーグナーはときにリズムや音の高低を変えながら、これらを組み合わせ、十五時間以上のオペラを論理的に構築した。『スター・ウォーズ』の音楽もこの理論にもとづいている。

この大作を書いている間、ワーグナーを経済的に支えたのが、バイエルン王国（現在のドイツのバイエルン州）のルートヴィヒ二世だった。この若い国王はワーグナーの音楽に魅了されていたのだ。《指環》四部作は国王の支援もあって一八七四年に完成し、ミュンヘン近郊のバイロイトにこれを上演するための劇場まで建ててもらえた。この劇場でいまも夏にワーグナーのオペラを上演するためだけの「バイロイト音楽祭」が開催されている。世界で最も入場券が手に入りにくい音楽祭として有名だ。

国王の支援を受けているのをいいことに、ワーグナーが使いたい放題に浪費したため、バイエルン王国の財政は逼迫《ひっぱく》する。このままでは国が滅びると、宮廷クーデターが起こり、国王は幽閉され、やがて亡くなってしまう。

しかしバイロイトの劇場はワーグナー家のものとして、残った。

52 指揮者の誕生

クラシックの演奏家というと、真っ先に指揮者を思い浮かべる人も多いだろうが、比較的新しい職業なのだ。

指揮者が必要になるのは、数十人ものオーケストラが演奏する場合だ。十数人程度の室内オーケストラの場合は指揮者なしで演奏するケースが多い。その場合は、ヴァイオリニストのなかのひとり、コンサートマスターが指揮者の役割を兼ねる。これくらいの人数の場合は、互いの音を聴きあうことで揃えられるのだ。しかし、三十人、五十人、さらにはマーラーの交響曲のように百人くらいの編成になると、誰かがテンポなどを指示してくれないと、バラバラになってしまう。

では、音が揃うように合図をするために指揮者が存在しているのかというと、そんなのは、指揮者の仕事のなかのほんの一部分でしかない。

指揮者の役割ほどよく分からないものはないのだ。当事者も、科学的に分析して説明しろと言われると困るらしい。オーケストラの演奏会のテレビ中継を見れば分かるが、大半の楽団員は楽譜を見ながら演奏しており、指揮者など見ていないように思えることもある。

こんにちでは、指揮者は、「作曲家が書いた楽譜にある、作曲家の意図を解釈して、それをオーケストラに伝え、その解釈に基づいた演奏をさせる」ことになっている。具体的な仕事の方法は指揮者ごとに異なる。

専業の指揮者が登場するのは十九世紀になってからだ。昔は作曲家が指揮をしていたのに、どうして専業の指揮者が登場したのかというと、最大の理由は十九世紀になると、作曲家が死んでしまった曲も演奏するようになったからである。モーツァルトの時代までは、音楽は基本的に自作自演だった。すでにこの世にいない人の曲など誰も演奏しなかったし、聴こうともしなかったのだ。

しかし、ベートーヴェン以後は違った。ベートーヴェンの曲は彼の死後も演奏されたのである。当然、本人はいないので、誰かが指揮をしなければならなくなった。ベートーヴェンの指揮者として有名なのは、ワーグナーである。彼によって、それまでは失敗作とされていた第九は名曲だったことが再発見されたのである。

もうひとつの理由はモーツァルトの最晩年の作品や、ベートーヴェンの頃から楽譜が複雑になっていったからだ。その傾向はロマン派になってからますます強まり、楽譜は複雑になり、オーケストラの編成も巨大化していった。

史上初の著名専業指揮者とされているのが、ハンス・フォン・ビューローである。ワーグナーの妻、コジマ（リストの娘）の夫だった人だ。

ビューローはワーグナーに心酔していたのだが、その妻がワーグナーと不倫の関係になってしまう。結局、コジマはビューローと離婚し、ワーグナーと再婚する。その後、当時のドイツ音楽界でワーグナーと対立していたブラームスのもとに、ビューローは向かう。ビューローは世界最高のオーケストラであるベルリン・フィルハーモニーの初代首席指揮者でもある。

ビューローはよく「最初の専業指揮者」と紹介されるが、これは厳密には正しくない。彼は指揮者である前にピアニストとして当代一であり、作曲家でもあった。またビューロー以前にも指揮者はいた。ただ、その人の名前で客が呼べる、スター指揮者としてはビューローが最初の人だったとは言えるかもしれない。

進行係、音を出す合図を出す人、テンポを維持する人にすぎなかった指揮者を、「音楽の解釈者」という地位に押し上げただけでなく、数十人から百数十人のオーケストラの統率者とし、スター音楽家にした、その第一世代がビューローだった。

53 音楽祭

ザルツブルク音楽祭とかバイロイト音楽祭など、世界各地で音楽祭というイベントが行なわれている。日本でも五月のゴールデン・ウィークに、「ラ・フォル・ジュルネ（熱狂の日）」という、フランスのナント市と提携した音楽祭が開催されているし、松本《まつもと》では小澤征爾《おざわせいじ》が中心となり、「セイジ・オザワ　松本フェスティバル」が開催されている。

世界で最も有名で大規模な音楽祭が、夏にオーストリアのザルツブルクで一か月以上にわたり開催されるザルツブルク音楽祭。ザルツブルクはモーツァルトが生まれた町。この音楽祭はそのモーツァルトを讃《たた》えるものだ。すべてがモーツァルトの曲というわけではないが、必ずモーツァルトのオペラが上演される。

もっと徹底しているのがバイロイト音楽祭。ここはワーグナー作品しか上演されない。もともとワーグナーが自作上演のために始めたもので、いまもその遺族が運営の責任者である。西洋では珍しい、世襲家族が運営している音楽祭だ。

音楽祭は欧米では七月から八月に開催されるのがほとんどである。場所も大都市ではなく、リゾート地のようなところが多い。欧米ではビジネスも学校も官公庁も九月から新しい年度が始まるが、音楽興行も同じだ。オーケストラもオペラハウスも、九月に始まり翌年の六月に幕を閉じる。つまり、七月から八月はオーケストラの団員も指揮者、ソリストたちも本業が夏休みになるのだ。

そこで、保養地にそういう音楽家を集め、集中的にコンサートを開けば、お客さんがやってくるだろうとの考えで始まった。

音楽祭といっても、ようするに、ある一定期間、コンサートが連続して開かれる、というだけ。町じゅうに音楽が鳴り響いているわけでもなく、会場以外は普段と変わりない。屋台が並ぶわけではないし、花火が打ち上げられるわけでもない。日本的なお祭りを期待してはいけない。

しかし、クラシック・ファンにとっては、集中的に有名な音楽家の演奏が聴けるので、チケット代は普段よりも割高だが、効率がいいので、音楽祭はありがたい存在である。

54 ビゼー（Georges Bizet　一八三八〜一八七五）

ヴェルディの《アイーダ》、プッチーニの《ボエーム》、ビゼーの《カルメン》の三作品は、「オペラのABC」とされる。頭文字がABCだからだが、この三作品は、誰が見ても分かりやすいストーリーで初心者向きという意味でのABCでもある。

ヴェルディ、プッチーニはオペラの巨匠で他にもいくつもの名作、人気作があるが、ビゼーは《カルメン》が圧倒的で他の作品はかすんでいる。三十六歳で亡くなり「巨匠」になれなかったことも影響しているだろう。

ジョルジュ・ビゼーは一八三八年にパリで生まれた。父は声楽教師だった。パリ音楽院に九歳で入る、天才少年だった。ピアノと作曲を学び、ローマへ留学し、留学中からオペラを作曲していたが、あまり成功しなかった。

ビゼー

一八六三年、二十五歳でオペラ《真珠採り》でやっと成功した。こんにち、コンサートで演奏されることが多い《アルルの女》は一八七二年の作品で、これはオペラではなく、演劇の付随音楽というジャンルの作品。ようするに映画音楽の演劇版だ。劇そのものは不評だったのだが、ビゼーの音楽は評価され、いまも人気がある。

不朽の名作《カルメン》は一八七五年の作品。プロスペル・メリメの小説『カルメン』を原作にしている。スペインのセビリアを舞台に、タバコ工場で働くカルメンと、衛兵の伍長《ごちょう》ドン・ホセ、その婚約者のミカエラ、闘牛士のエスカミーリョのドロドロの恋愛劇だ。

現在では名作として名高いが、一八七五年三月にパリのオペラ＝コミック座で初演されたときは不評だった。当時の批評家には、ヒロインであるカルメンの人物像が奔放すぎて、容認できなかったし、救いのない結末はオペラを楽しい娯楽と思って見に来た人には衝撃的で、どう感動していいのか分からなかったのかもしれない。だが一般の観客の間では評判がよく、客の入りは悪くなかったという。評判を聞いて、ウィーンの歌劇場からも上演の申し出があり、ビゼーは張り切っていたが、初演から三か月後の六月に、まだ水温の低いセーヌ川で水浴したのがもとで、持病の慢性扁桃炎《へんとうえん》が悪化し、急死した。友人の作曲家がウィーン公演のための改訂をして大成功に導き、死後になってからだが《カルメン》は名作としての評価を得た。

そして現在、《カルメン》はフランス・オペラの代表作であり、ヒロインのカルメンはオペラの登場人物としての知名度はトップクラスだし、劇中の《闘牛士の歌》や《ハバネラ》は単独で演奏されることもある人気曲だ。

ビゼーは短い生涯だったが、三十作近いオペラや演劇の音楽を書いている。《カルメン》以外では《アルルの女》の演奏会用組曲が知られる程度。《真珠採り》もかろうじて歌劇場のレパートリーにのこっているが上演頻度は低い。交響曲やピアノ曲もあるが、それほど有名ではない。

55 ヴェルディ (Giuseppe Fortunino Francesco Verdi　一八一三〜一九〇一)

十九世紀後半を代表するオペラ作曲家ヴェルディが一九〇一年、つまり二十世紀最初の年に八十七歳で亡くなったとき、イタリアでは国葬が執り行なわれた。これは、オペラがイタリア社会においてどれほど大きな存在であるかを物語っている。いくら有名で人気のある作曲家だったとはいえ、藝術家が国葬になるとは、日本では考えら

ジュゼッペ・ヴェルディ

れないことだ。せいぜい、国民栄誉賞が贈られるくらいである。
　ヴェルディがこんなにもイタリア人に愛されたのは、彼が成功したのと、分裂状態にあったイタリアが独立して国家統一に向けて動き出したのとが、同時期だったことにもよる。十九世紀後半のイタリアは小さな国が乱立しており、「イタリアという地域があるだけで、イタリアという国家はない」状態だった。なかでも、ミラノはハプスブルク帝国の支配下にあり、そこからの独立がイタリア人の悲願だった。
　ジュゼッペ・ヴェルディは、一八一三年、ワーグナーと同じ年に生まれた。この二人はドイツとイタリアを代表するオペラ作曲家となり、お互いの作品を意識していたが、ついに一度も会うことはなかった。
　父はブッセート近郊の小さな村で、農業を営みつつ旅館や小売店も経営していた。教会で音楽と出会い、パイプオルガンを演奏するようになり、音楽の才能があると見込まれる。音楽好きの商人が後援者となってくれ、本格的な勉強をするが、ミラノ音楽院には入学できず、挫折《ざせつ》する。しかし努力してオペラ作曲家となる。

結婚し長男も生まれた後の一八三九年に妻子とともにミラノへ移る。そしてスカラ座で初めてのオペラ《サン・ボニファーチョ伯爵オベルト》を初演し評価を得たが、その前に子どもを失い、妻も亡くなるという悲劇に見舞われた。

《ナブッコ》という旧約聖書にある物語を原作としたオペラで大成功するのは、一八四二年。彼にとって三作目のオペラだ。その前の作品が失敗に終わっていたので、起死回生ともいえるものだった。このオペラのなかで、奴隷とされていたユダヤ人が祖国を思って歌う「行け、我が想いよ、金色の翼にのって」に、当時オーストリアの支配下にあったミラノの人々は、自分たちの思いが歌になったと感じた。こうして、解放独立運動を象徴する歌となり、現在もなお、イタリアでは「第二の国歌」として愛されている。

ヴェルディのオペラ作曲技法上の革命は、それまでの一曲一曲が独立して、物語の順番に歌われるという、ナンバー（番号）・オペラを崩壊させた点にあった。音楽は幕の始まりから終わりまで途切れることがなくなる。さらにオーケストラも、たんなる声楽の伴奏ではなくなり、物語に絡むようになっていく。ワーグナーはさらにこれを過激に推し進めていくわけである。二人は相互に影響しあって、オペラに革命をもたらしていく。

また、オペラ作曲家の著作権者としての権利を拡大したことでも業績がある。それまでは歌劇場から依頼されて書いて、作曲料をもらえばそれでおしまいだったが、ヴェルディはしっかり契約書を交わし、勝手な改変を許さなかったし、上演のたびに印税が入るようにもした。父が商売人だったこともあり、ビジネス実務に長《た》けていたのだ。ワーグナーは台本も自分で書いたが、ヴェルディは台本作家を自分で雇って書かせ、その権利も自分のものとした。

シェイクスピアを原作とした《マクベス》《オテロ》《ファルスタッフ》などがあり、ほかにはデュマの小説を原作とした《トラヴィアータ（椿姫）》や、古代エジプトを舞台にした《アイーダ》などもよく知られている。いずれの作品も、演劇としても面白いものばかりで、オペラは絵空事という常識を覆し、重厚なドラマを提示した。

高級娼婦《しょうふ》とはいえ、「夜の女」を主人公にした《トラヴィアータ》は当時としてはスキャンダラスな題材だった。そういうタブーにも挑戦した。ワーグナーの成功を意識しながら、完全にナンバー・オペラから脱却したのが一八八七年の《オテロ》だ。ここにおいて音楽とドラマは完全に一体となった。

56 プッチーニ（Giacomo Antonio Domenico Michele Secondo Maria Puccini 一八五八～一九二四）

ヴェルディの後を継いだイタリア・オペラの巨匠がプッチーニ。生きた時代は重なるが、直接の師弟関係はない。

ジャコモ・プッチーニはトスカーナ地方のルッカで、代々続く、教会の音楽家の家に生まれた。教会オルガニストの職を五代にわたって世襲しており、五歳の年に父親が亡くなると、プッチーニもその地位を得た。しかしいくらなんでも五歳では無理なので、暫定的に叔父《おじ》がその地位を預かった。

ジャコモ・プッチーニ

そのままだと、彼も教会オルガニストになるところだったが、ヴェルディの《アイーダ》を観て感激し、オペラ作曲家になろうと決意する。教会オルガニストは職業としては安定しているが、それを捨てて、リスクのあるオペラへの道を選んだのだ。

オペラ以外はほとんど書かなかったが、そのオペラも、最後の未完の《トゥーランドット》を含めても十作しかない。数年に一作のペースで書いており、とても効率がよい。著作権が確立され、再演されても収入があったので、前の世代のオペラ作曲家たちのように、量産しなくても十分な収入があった。

また、出版社を代理人としても使うことで、歌劇場との交渉を委《ゆだ》ね、作曲に専念できるシステムを作った点も前世代とは違った。

プッチーニも、最初から成功したわけではない。一八八四年初演の第一作《ヴィリー》と八九年の第二作《エドガール》は興行的には成功とはいえず、専属契約を結んでいた出版社からは見放されそうになったが、経営者がかばってくれ、どうにか第三作《マノン・レスコー》を書いて、一八九三年に初演され、大成功した。

続いて、一八九六年に《ボエーム》、一九〇〇年に《トスカ》、一九〇四年に《蝶々《ちょうちょう》夫人》というオペラ史上に残る名作が続く。最後の作品《トゥーランドット》は難航し、作曲中にガンとなり、その手術が失敗して亡くなった。

プッチーニのオペラは、ドラマチックな展開、覚えやすいメロディーが特徴で、そのため、大衆に迎合していると軽蔑《けいべつ》されていた時期もあった。しかし、最後に勝利するのは、その分かりやすさなのである。プッチーニの晩年にあたる一九二〇年代にはすでに新しい音楽が芽生えていたが、それらが古くなってしまい、聴かれなくなったいま、プッチーニ作品は、ますます人気が出ている。

57 文学作品の音楽化

ワーグナーは、ドイツに伝わる神話や伝説をもとにしたオペラを自分で台本も書いて作った。これも文学と音楽の融合だ。ワーグナーはこれをひとりで成し遂げたが、多くの作曲家は小説や戯曲を音楽にしている。同じ原作が複数の音楽作品になった主なものを挙げる。

ヴェルディはシェイクスピア作品を原作としたオペラを台本作家にオペラ用に脚色させせた。最も名作とされるのが一八八七年初演の《オテロ》(原作は「オセロ」と表記される)。他に《マクベス》《ファルスタッフ》もシェイクスピアが原作。

シェイクスピア作品を音楽にしたものは多い。『オセロ』はヴェルディよりも前にロッシーニも一八一二年に《オテッロ　またはヴェネツィアのムーア人》というオペラにしている。

若い男女の悲劇『ロミオとジュリエット』は何度も映画にもなり最近はミュージカ

ルにもなったが、昔からオペラになっている。有名なものだけ挙げると、ヴィンチェンツォ・ベッリーニ（一八〇一～三五）の《カプレーティ家とモンテッキ家》が一八三〇年初演、シャルル・グノー（一八一八～九三）作曲の《ロメオとジュリエット》は一八六七年初演だ。オペラ以外でも、ベルリオーズが劇的交響曲《ロメオとジュリエット》を一八三九年に、チャイコフスキーが幻想序曲《ロメオとジュリエット》を一八六九年に書き、プロコフィエフは一九三六年にバレエにした。

『ハムレット』も名作だけあって音楽化も多い。ドメニコ・スカルラッティ（一六八五～一七五七）、アンブロワーズ・トマ（一八一一～八六）がオペラにし、リストは交響詩、チャイコフスキーは幻想序曲として書いた。『ハムレット』が演劇として上演された際の音楽を書いた大作曲家には、チャイコフスキー、プロコフィエフがいて、さらにショスタコーヴィチは映画化された際にその音楽を書いた。ロシアの作曲家は『ハムレット』に縁がある。

日本では『青い鳥』の作家として知られるベルギーの劇作家モーリス・メーテルリンクが書いた戯曲『ペレアスとメリザンド』は音楽家に人気がある。二十世紀になると、まずフォーレ（一八四五～一九二四）がロンドン初演の際に劇付随音楽を作曲し、それを一九〇〇年にオーケストラ組曲にした。戯曲をそのまま台本としてオペラにしたのが、ドビュッシーで、一九〇二年に初演された。一九〇三年にはシェーンベルクが交響詩として作曲。そして、シベリウスも、スウェーデン語訳によるヘルシンキ初演のための劇付随音楽とそれに基づくオーケストラ組曲を一九〇五年に作った。

プレヴォの小説『マノン・レスコー』はプッチーニのオペラだけでなく、ジュール・マスネ（一八四二〜一九一二）が一八八四年に《マノン》という題でプッチーニよりも先にオペラにしている。

ヴェルディの作品の中で、オペラの初心者でも楽しめるし、何度観ても泣けてしまうという人もいる、名作中の名作が《トラヴィアータ（椿姫）》。一八五三年にヴェネツィアで初演された。原作は、デュマ・フィスが自分の体験をベースにして書いた悲恋小説。パリの高級娼婦が主人公である。それまでのオペラは、バロック時代は神話や伝説を題材にしたものが多く、その後もシェイクスピアを原作にするなど、「歴史もの」が多かった。十九世紀後半になって、同時代の人物のドラマも登場するようになるのである。しかも、「高級」とつくとはいえ、娼婦を主人公にした点で、まずは画期的だった。当然、賛否両論、毀誉褒貶《きよほうへん》となる。

この《トラヴィアータ》には、ショパンの音楽を使ってバレエにしたものが一九七八年にドイツのシュトゥットガルト州立歌劇場で上演された。

58 国民楽派

こんにちでは、国際紛争の原因として危惧《きぐ》されることの多い民族主義だが、十九世紀末から二十世紀にかけての音楽は、この民族主義によって発展したともいえる。

まず、ロマン派の主流であったドイツでは、ゲルマン民族の伝説や民話などを音楽にすることが流行した。その代表がワーグナーで、彼のオペラのほとんどはゲルマン民族の伝説を題材にしている。

一方、ワーグナーと同年生まれのイタリアのヴェルディの人気は、イタリア統一運動（リソルジメント）と同時に盛り上がった。オペラ《ナブッコ》のなかの合唱曲「行け、我が想いよ、金色の翼にのって」は、イタリアの第二の国歌とまで言われているほどだ。

このように、音楽の主流であるドイツとイタリアで、民族色の濃い作品が生まれると、当然その周辺の国々でも同じことが起きる。

ロシアは大国ではあったが、ヨーロッパ文明のなかでは辺境の地にあったため、文化的にも遅れていた。音楽においてはドイツをお手本とし、一流の音楽家になるためにはドイツに留学しなければならなかった。十九世紀半ばに、ようやくロシアにも自前の音楽院ができ、その最初の卒業生のなかのひとりがチャイコフスキーである。ドイツやイタリアの最初の職業作曲家が誰かは分からないが、ロシアにおいては、チャイコフスキーが職業作曲家第一号と確定できる。それくらい、遅れていたのである。

チャイコフスキーはドイツをお手本としつつも、ロシア民族固有の情感をこめた作品を発表していった。そのため、ロシア人のなかでは、ドイツとロシアの折衷主義だとして批判されることもある。コテコテのロシアっぽさが薄められているというわけだ。その分、日本を含めた外国では人気がある。

ロシア民族主義を強調した作曲家が、五人組と呼ばれる人々で、そのなかでとくに有名なのが、ムソルグスキーとリムスキー＝コルサコフ。民謡として伝わっている、ロシア独特のリズムやメロディーを導入した作品を作り、ロシア音楽を確立したのである。

政治的な民族主義が高まったのは、東欧地域だった。とくにチェコは、長いあいだ、ハプスブルク家、つまりはドイツの支配下にあったため、そこからの独立が民族の悲願でもあった。そうした独立運動の高まりは、チェコ独自の音楽の確立へと作曲家た

カール・ニールセン

ニコライ・リムスキー＝コルサコフ

モデスト・ムソルグスキー

ちを向かわせた。それに応《こた》えたのが、スメタナとドヴォルザークだった。

イタリア、ドイツで確立された作曲と演奏における音楽技法は、ある意味で普遍性をもっていたため、日本を含め世界中に広がった。

ロシアや東欧には、もともと、民謡、民族音楽として伝わってきた音楽があったが、それらは藝術ではないとされてきた。藝術に値する音楽はイタリアとドイツで発展した音楽（日本でいうクラシック音楽）のみというのが、十九世紀半ばまでの風潮だった。ところが、そのイタリアとドイツが、自分たちの民族色の濃い音楽を作りだすと、さすがに、ロシアや東欧の人々は、それを受け入れることはできない。ここで、彼らは目覚めたのである。自分たちの民族固有の音楽があっていいんだ、と。

そういうわけで、基本的な技法や様式はイタリア・

ドイツ的なものをベースにした、それぞれの民族色の濃い音楽が生まれていき、それが結果的にクラシック音楽に多様性をもたらしたのである。

民族主義音楽は、現在は「国民楽派」と呼ばれることが多い。

国民楽派の作曲家としては、前述のロシアやチェコの作曲家のほか、ノルウェーのグリーグ、フィンランドのシベリウス、デンマークのニールセンがよく知られている。

59　グリーグ（Edvard Hagerup Grieg　一八四三～一九〇七）

ノルウェーの国民的作曲家がグリーグである。ノルウェーは日本人にとっては、あまりなじみのある国ではないが、その割にはグリーグの音楽は親しまれているといえる。

ノルウェーは豊かな海辺と険しい山間部をもつ国で、民俗音楽も盛んだった。グリーグの曲にはその民俗音楽から着想を得たものが多い。そのあたりが、日本人の郷愁にも訴えるところがあるのかもしれない。ローカルであるがゆえに普遍性をもつことはあるのだ。

エドヴァルド・グリーグ

エドゥヴァルド・グリーグは一八四三年にノルウェーのベルゲン市に生まれた。父はスコットランド系で商人をしながらイギリス領事もしていた。母はベルゲン市の有力者の娘でドイツで教育を受けたピアニストだった。

ノルウェーは当時は独立国ではなかった。十五世紀からノルウェー王家が途絶えたことからデンマーク王家の支配下にあり、一五三六年には完全に独立を喪《うしな》い、デンマーク＝ノルウェーとなっていた。ところが、支配していたデンマークがナポレオン戦争で、フランス側についたため敗戦国となり、戦後処理の過程で、ノルウェーの支配権を喪った。このときにノルウェー人は独立しようとしたのだが、列強諸国が反対し独立運動は潰《つい》えて、今度はスウェーデン王がノルウェー王となる、同君連合を強いられた。

ノルウェー人が民族自立の独立国家建設を悲願としていた時代にグリーグは育った。

グリーグは十五歳になる一八五八年にドイツのライプツィヒ音楽院へ入り作曲とピアノを学んだ。だがこの留学ではあまり得るものはなかったようで、一八六三年からデンマークのコペンハーゲンへ移り、親しくなった音楽家たちと北欧音楽推進グループを結成し、民族主義音楽の影響を受けていった。

この頃に交響曲、ピアノ・ソナタ、ヴァイオリン・ソナタ第一番などを書いたが、これら初期作品はまだドイツ・ロマン派の影響が色濃く現れていた。

やがて国民的詩人ビョルンソンと親交を持ち、彼の戯曲《十字軍の王シーグル》の劇場での上演のための音楽を書き、一八七二年に初演された。

テレビコマーシャルでもよく使われる。グリーグの代表曲《ペール・ギュント》ももともとは演劇のための音楽だった。ノルウェーの文豪と称されるヘンリック・イプセンは同題の戯曲を書いたが、これは当初は上演する目的のものではなく、読むための戯曲だった。しかし、上演することになったので、音楽が必要となり、グリーグに依頼されたのだ。《ペール・ギュント》は七六年に初演された後、演奏会用の組曲に作り直したのである。

このようにグリーグはノルウェー文学と密接な関係を持っていた。そしてその音楽はノルウェーの民俗音楽に影響を受けたものとなった。

グリーグ自身がピアニストでもあったので、ピアノ協奏曲、《抒情《じょじょう》小曲集》などのピアノ曲も名曲として知られる。そのため「北欧のショパン」と称されたこともあった。声楽家だった妻ニーナのために歌曲も多く書いた。

指揮者の仕事もしていたが、一八八二年に引退すると、以後は一年のうちの秋から冬はピアニストとして演奏旅行をしていた。

一九〇五年、ノルウェー人にとって、そしてもちろんグリーグにとっても悲願だった独立が実現した。それを見届けると、グリーグは一九〇七年に亡くなった。六十四歳だった。

60 シベリウス (Jean Sibelius 一八六五～一九五七)

ドイツ音楽は、理念的に構築されているものが多く、形式が重視されるので、ある意味では不自然な、つくりものめいた音楽なのである。その作曲家たちのほとんどが大都会で暮らしていたことからも、その人工性が窺《うかが》える。北欧の作曲家は、ドイツ音楽的な作曲技巧と、自国の民俗音楽の融合に成功し、その作品は田園的な風景を思わせる。その代表がシベリウスだった。

ヤン(「ジャン」とも表記される)・シベリウスは一八六五年にフィンランドの首都ヘル

ヤン・シベリウス

シンキから百キロほどのところにある人口六万数千人の町ハメーンリンナで生まれた。その町は森と湖に囲まれた古い交易の街で、フィンランド全体はロシア帝国の支配下にあったが、この地はスウェーデン語圏に属していた。

外科医だった父はシベリウスが二歳のときに亡くなったが、親戚《しんせき》の援助で生活には困らなかったようで、五歳で叔母《おば》からピアノを習い、音楽の世界へ入った。学校に入るころには作曲もしていたという。十四歳からヴァイオリンも弾くようになり、ピアノを弾く姉とチェロを弾く弟と三人で演奏して楽しんでいた。ヴァイオリニストを目指した時期もあったが、一八八五年からヘルシンキ音楽院で作曲を学んだ。

この時期に音楽家と画家たちとグループを作り、メンバーの妹アイノと恋に落ちた。シベリウスはスウェーデン文化の影響下で育ったが、アイノはフィン人の文化を大事にする家に育っていたので、その影響でシベリウスもフィン人の民族意識に目覚めた。

一八八九年にベルリンへ留学しワーグナーに夢中になり、指揮者でピアニストのハンス・フォン・ビューローの弾くベートーヴェンにも感動するなど、ドイツ音楽へ傾斜しかけるが、その後、ウィーンで学ぶと、ハンガリーやルーマニアから来た音楽家たちが自国の文化と音楽を尊重しているのに刺激を受け、自分もフィンランド独自の音楽を作ろうと考える。

このベルリンとウィーンにいた時期は浪費と放蕩《ほうとう》がひどく、酒とギャンブルに明け暮れていたともいう。そのせいで健康を害して入院する騒ぎとなった。

帰国して一八九二年、フィンランドの伝説「カレワラ」に基づく《クレルヴォ交響曲》を作曲し、大成功した。恋人アイノとも結婚し、ヘルシンキ音楽院の教授にもなった。

一八九九年にロシアとフィンランドの関係が悪化すると、国内では愛国運動が勃発《ぼっぱつ》し、シベリウスは歴史劇『歴史的情景』のための音楽を書いた。これを演奏会用の交響詩に書き直したのが、《フィンランディア》だった。

一九〇四年に首都のヘルシンキから、田園地帯のヤルヴェンパーに引っ越し、トゥースラ湖の近くに建てた家で残りの生涯を送った。シベリウスは生涯に七つの交響曲を書き、さらに《トゥオネラの白鳥》《タピオラ》などの交響詩、ヴァイオリン協奏曲など、多くの名曲をのこした。

前述したように第二次世界大戦後まで生きていたが、作曲活動は一九二〇年代で終え、一九二四年に交響曲第七番、二五年に《タピオラ》を書くと、以後も作品はあるが、それらはめったに演奏されない。一九五七年に脳出血のため九十一歳で亡くなると、国葬となった。さらにシベリウスの肖像画はフィンランドの紙幣にも使われた。シベリウス作品は日本でも人気があるが、それはベースに森や湖といった「自然」があるからだとの説もある。

61 スメタナ (Bedřich Smetana　一八二四～八四)

チェコのスメタナの代表作が交響詩《わが祖国》。六つの曲から成る組曲だ。一曲ずつ独立してはいるが、全体を通して聴くほうが望ましいもので、小説でいう連作にあたる。

スメタナは一八二四年にチェコのボヘミア地方で生まれた。当時のチェコはオーストリアに支配され、民族独立が国民の悲願だった。スメタナは六歳で神童として登場し、ピアニストとして聴衆の前で演奏した。本格的な音楽教育を受けた後は、ピアニスト、合唱指揮者としてスウェーデンで活躍していた。その一方、リストが提唱していた標題音楽に影響を受け、交響詩の作曲を始めた。

一八六一年、スメタナは、チェコで独立運動が盛り上がったのを機会に帰国し、国民的音楽家となるのだ。日本では《わが祖国》があまりにも有名で、まるでこれしか作ってないようですらあるが、チェコではオペラの作曲家として知られている。また、存命中は、

ベドルジフ・スメタナ

プラハの歌劇場の指揮者としても活躍した。オペラでの代表作は一八六六年初演の《売られた花嫁》だ。

しかし、健康を害し、歌劇場指揮者の座を追われるように辞め、やがて耳が聴こえなくなる。《わが祖国》はそういうなかで作られた曲だった。指揮者の仕事ができなくなったので、作曲に専念していたが、やがて梅毒が原因で、精神を病むようになり、保護施設で亡くなった。悲惨な最期だったのだ。

その代表作《わが祖国》は一八七二から七九年までに作られた六曲から構成されるが、最も有名なのは二番目の《モルダウ》であろう。南ボヘミアの森林から流れ出るモルダウ川が、プラハ市を通り、やがてエルベ川に合流するまでが描かれる。名曲アルバムの定番である。

組曲全体は《高い城》《モルダウ》《シャールカ》《ボヘミアの森と草原より》《ターボル》《ブラニーク》で構成される。《モルダウ》が有名なのは、曲もいいからだが、「川の流れだ」と説明されれば、見たことも行ったこともなくても、なんとなく情景が思い浮かぶからだろう。他の曲はチェコの歴史や神話についての知識がないと、理解しづらいところがある。

毎年五月に開催される「プラハの春」音楽祭は、五月十二日のスメタナの命日に《わが祖国》を演奏して開幕する。

62 ドヴォルザーク（Antonín Dvořák　一八四一〜一九〇四）

チェコのもうひとりの国民楽派が、ドヴォルザーク。一八四一年にプラハの北、北ボヘミアで生まれた。生家は肉屋と宿屋を営み、父はアマチュアの音楽家でもあった。音楽が周囲にある環境で育ち、幼い頃から音楽の才能を示し、ヴァイオリンを習った。一八五七年にプラハのオルガン学校へ入学し、この頃には、ヴィオラ奏者として活躍もしていた。

アントニン・ドヴォルザーク

卒業後は、カレル・コムザーク楽団のヴィオラ奏者となったが、本格的なオーケストラではなく、ホテルやレストランで演奏していた。一八六二年に国民劇場建設が決まると、仮設劇場のオーケストラのヴィオラ奏者になる。このとき指揮者としてやってきたのが、チェコの二大作曲家の出会いである。

最初の交響曲は一八六五年に書かれ、一八七〇年には最初のオペラ《アルフレート》が完成する。だが、上演されたわけではない。上演され、成功するのは、一八七三年の愛国的カンタータ《賛歌・白山の後継者たち》である。七一年に作曲に専念するためにオーケストラを辞めていたが、ようやく実ったのである。

最初は音楽的にワーグナーの影響下にあったというが、それは少しずつ薄れていく。そればかりか、ワーグナーと対立していたブラームスと親交を結ぶようになっていくのである。つまり、双方のいいところを活用したとも言える。ドイツ人だったら、どちらかの陣営につかなければならなかったかもしれないが、距離的に離れていたのが、幸いしたのだろう。

一八七八年には、《スラヴ舞曲》を発表して評判になる。チェコの民族色が前面に出た曲だった。民謡や民俗舞曲が、クラシックの音楽として作品化されたのである。民謡や民俗舞曲が引用されているため、オリジナリティに欠けると批判されることもある。いまでいう「コピペ」じゃないかというわけである。しかし、何をコピーするかを見極めるのも才能だし、それをアレンジして貼り付けるわけだから、創造的行為であることに間違いはない。

しかし、これはスメタナの考える「国民音楽」とは異なっていた。スメタナが考える国民音楽は、民族固有の歴史や物語を題材とし、それを西洋音楽の普遍的な技法で書いたものだった。民謡や民俗舞曲を引用することには、反対の立場だったのだ。

ドヴォルザークはプラハ音楽院で作曲を教えるようにもなっていたが、一八九二年秋から二年間、ニューヨークのナショナル音楽院の院長に招聘《しょうへい》された。

ここに、クラシック音楽の歴史にアメリカが登場する。当時のアメリカは、独立から百五十年ほどが経ち、豊富な資源を持つ大国への道を歩み出していた。アメリカに移り住んだ人々は、独自の文化を構築していくが、その一方で、ヨーロッパ文化への郷愁のようなものも抱いていた。経済的に豊かになってくると、アメリカ人は、ヨーロッパの音楽家を招いて演奏させるようになっていた。つまり、ヨーロッパの音楽家たちにとって、アメリカは、可能性のある「市場」として成長しつつあったのだ。アメリカが、アメリカ生まれの作曲家や演奏家を生み出すのは、もう少し後のことである。

ニューヨークのナショナル音楽院はアメリカの国民楽派を作ることを目的として開校した。ヨーロッパからの移民の国アメリカは経済的に豊かになり、独自の音楽を作ろうという気運が高まったのである。ドヴォルザークは高額の報酬で招かれた。だが、二年では作曲家を育てあげることはできなかった。その一方、ドヴォルザークには収穫があった。ネイティブ・アメリカンや黒人の音楽を研究・吸収でき、それが名曲交響曲第九番《新世界より》や弦楽四重奏曲第十二番《アメリカ》になる。ドヴォルザークを通じて、アメリカという大きなマーケットがヨーロッパの音楽界から見えてくるのである。

帰国後はプラハ音楽院の教授となり、後進を育て、さらにオペラの作曲にも挑んだ。チェコだけでなく、国際的な名声を得て、一九〇四年に亡くなった。いまでもチェコで絶大な人気があり、最も尊敬されている人物のひとりだ。その死に際しては国葬が執り行なわれた。

63 ロシア五人組

ロシアの国民楽派は、ミハイル・グリンカ（一八〇四～五七）から始まる。裕福な大地主の家に生まれた貴族である。伯父《おじ》が農奴たちの楽団を持っており、それを聴いて音楽に関心を持った。裕福だったので、ピアノ、ヴァイオリン、声楽、指揮、作曲を学んでいたが、当時のロシアには音楽院もなく専門的な教育は受けていない。貴族が音楽家になるなどありえない時代だった。

ロシアはピョートル大帝の時代から国家機構も文化もドイツをお手本としていた。ロシア民族の音楽に関心を持つ上流階級の者はいない。そのなかでグリンカは異質だった。

一八三〇年、健康を害したグリンカは医者の勧めもあって、ロシアよりは暖かい、イタリアとドイツへ転地療法で出かけた。ミラノ、ローマ、ナポリなどイタリアでは、ベッリーニやドニゼッティのオペラを研究し、ベルリンでは音楽理論を学んでいた。しかし一八三四年に父が亡くなったのでロシアへ帰った。

サンクト・ペテルブルクでは文学者のサークルに入り、プーシキンら文学者と知り合った。そして、ロシアの国民的テーマを題材にしたオペラを作りたいと考え、詩人ジュコーフスキーに相談し、ロシア皇帝の宮廷にいるエゴール・ローゼン男爵に台本を書いてもらい、作曲したのが、初のロシア語によるオペラとされる《皇帝に捧《ささ》げた命》だった。十七世紀を舞台にし、ロマノフ王朝の祖である皇帝ミハイル・ロマノフをポーランドの干渉軍から守るために戦った、農夫イワン・スサーニンの物語だ。一八三六年にサンクト・ペテルブルクの劇場で初演されると大ヒットし、ここにロシア国民音楽の歴史は始まった。

グリンカの弟子になったのがミリイ・バラキレフ（一八三七〜一九一〇）で、彼と同世代の若い音楽家たちは五人組を結成した。まずバラキレフが出会ったのがツェーザリ・キュイ（一八三五〜一九一八）で、一八五六年のことだ。翌五七年にグリンカは滞在先のベルリンで急死した。この年、バラキレフとキュイとモデスト・ムソルグスキー（一八三九〜八一）が出会いグループとなり。六一年にニコライ・リムスキー＝コルサコフ（一八四四〜一九〇八）、六二年にアレクサンドル・ボロディン（一八三三〜八七）が加わった。

五人組は、反西欧・反プロフェッショナリズム・反アカデミズムを自分たちの方針として、ロシア独自の音楽の確立を模索した。五人はいずれも個性の強い人たちだったので、集まってひとつの音楽を作るわけではないし、いつも一緒にいたわけでもなかった。

一八四〇年生まれのチャイコフスキーは彼らとは別の道を歩む。

一八七〇年代になると、五人の結束は緩み、実質的にはグループは崩壊した。といって、いがみあっていたわけではない。

64 ムソルグスキー（Modest Petrovich Mussorgsky　一八三九〜八一）

ロシア五人組のなかで日本で最も知名度が高いのが、ムソルグスキーだ。《展覧会の絵》《禿山《はげやま》の一夜》などが人気曲だ。どちらも標題音楽だからだろう。

モデスト・ムソルグスキーは一八三九年にロシアのカレヴァで生まれた。地主貴族だが、農奴の血も引いていた。母からピアノを習い、九歳にしてピアノ協奏曲を作曲した。一八四九年に一家がサンクト・ペテルブルクへ引っ越すと、ヘルケというピアノ教師に師事するも、一八五一年には陸軍士官学校へ入り、五二年には近衛《このえ》連隊の士官になる。しかし、独学で作曲も学んでいた。

一八五六年、中尉になっていたムソルグスキーと軍医だったボロディンとが出会う。そのボロディンからキュイを紹介され、さらにバラキレフにも会う。バラキレフとキュイはすでに盟友関係にあった。五七年からムソルグスキーは改めて作曲を学ぶことにしてバラキレフに師事し、五八年には退役してしまう。

ムソルグスキーはモスクワへ旅し、ロシアの歴史を強く意識した。サンクト・ペテルブルクへ帰ると、以前に作っていた習作のピアノ曲をオーケストラ曲に編曲した。この曲が一八六〇年にロシア音楽教会の演奏会で上演され、一躍、ムソルグスキーの名は有名になった。

ところが、一八六一年、ロシアは農奴解放という大改革がなされ、地主だったムソルグスキーは収入源を失ってしまった。そこで役所に勤務することになる。

役所勤務をしながら作曲も続け、一八六八年には大作オペラ《ボリス・ゴドゥノフ》を完成させた。

その名を不滅のものにさせる《展覧会の絵》は一八七一年の作品だ。友人で三十九歳で亡くなった画家ハルトマンの遺作展覧会を見に行ったときに抱いた印象を音楽にしたのである。この展覧会には、四百点余が出展されたらしいが、現存するのは三点だけといわれている。ムソルグスキーが音楽にしたのは十枚だ。ムソルグスキーのおかげでハルトマンの名も歴史に残った。

一八八〇年に役所を辞めてしまい、友人たちに援助されながらオペラ《ホヴァンシチナ》に取り組んだ。だが、酒に溺《おぼ》れる日々となり、貧困のうちに一八八一年に亡くなり、《ホヴァンシチナ》は未完となった。リムスキー＝コルサコフが後を継いで完成させる。

大作曲家で存命中から有名だったのに貧困のうちに死ぬというのは珍しい。《展覧会の絵》はフランスのモーリス・ラヴェルがオーケストラ曲に編曲した版もよく演奏される。他に《禿山の一夜》も有名だ。

65 チャイコフスキー（Pyotr Ilyich Tchaikovsky　一八四〇〜九三）

音楽における民族主義が最初に高まったのは大国ロシアだった。ロシアはエカテリーナ二世がドイツ出身だったこともあり、国家の中枢がドイツの影響を大きく受け、出世した音楽家はみなドイツの教育を受けていたのだ。

ピョートル・イリイチ・チャイコフスキー

しかし、十九世紀後半になると、ドイツかぶれから脱却すべきという風潮が高まってくる。それはまず文学の分野で始まり、音楽にも影響した。そうしたなかで、五人組が結成される。評論家のバラキレフが呼びかけ、キュイ、ボロディン、ムソルグスキー、リムスキー＝コルサコフが名をつらねた。彼らはロシア民族固有の音楽を作るため、おもにオペラに取り組み、ロシア・オペラというジャンルを確立した。

この五人組とは対立するかたちで登場するのが、チャイコフスキーだった。

ピョートル・イリイチ・チャイコフスキーは一八四〇年に、ロシアのウラル地方ヴォトキンスクで鉱山技師の次男として生まれた。音楽的には恵まれた環境とはいえなかったが、幼い頃から音楽の才能は示していた。だが、両親には音楽家にさせるつもりはなく、法律学校に入学させた。親の意向に従い、一八五九年には法務省に勤務し、趣味として音楽を楽しんでいた。しかし、一八六一年にロシア音楽協会が専門的な音楽教育を始めると、それに加わり、それが発展してできたペテルブルク音楽院が一八六三年に創設されると入学し、法務省は辞めてしまう。一八六六年に卒業すると、モスクワに創設された音楽院に講師として赴任した。

つまり、チャイコフスキーはロシアを代表する二つの音楽院の創設にかかわっているのである。この六六年には交響曲第一番《冬の日の幻想》が初演され、最初のオペラ《地方長官》も完成した。

チャイコフスキーはロシアの職業的作曲家第一号であり、世界で最も有名なロシアの作曲家だ。ソ連時代も自国を代表する藝術家として高く評価されていた。バレエやオペラでも多くの名作を残し、モスクワのボリショイ劇場の重要なレパートリーとなっていた。帝政でも共産党政権のもとでも、そして資本主義になったいまでも、「ロシアを代表する音楽家」として、その藝術への評価は不変なのである。

私生活では、女性問題はいろいろとあった。オペラ歌手と恋に落ちるが、破局。富豪の未亡人からは資金援助を長年にわたり受けていたが、手紙のやりとりだけだった。結婚は破綻《はたん》し自殺を考えるほど痛手を受けた。さらにはその死は同性愛に悩んだための自殺説まである。

指揮者としてもヨーロッパ各地、さらにはアメリカでも演奏し、人気があった。バレエ《白鳥の湖》《眠れる森の美女》《くるみ割り人形》はあまりにも有名だ。

前の世代である五人組が、どちらかというと野党的存在だったのに対し、チャイコフスキーはロシア音楽界の王道を行くエリートだった。そのため、音楽的にはドイツの影響、つまりは標準的なスタイルを守っている。その点が民族主義派からは攻撃の対象となる点だった。ロシアらしくない、というわけだ。だが、ロシア人以外からすれば、あれで充分にロシアらしいわけだ。

民族色というものは、出過ぎると他の民族には受け容《い》れられなくなる。難しいものだ。そこまで、チャイコフスキーが計算していたのかどうかは分からないが、ロシア以外でも積極的に演奏していたのだから、ある程度は、どうすれば外国でも受けるか、その勘所をつかんでいたのではないだろうか。

66 《悲愴》

チャイコフスキーは一八九三年に交響曲第六番《悲愴》初演の九日後に急死した。その死をめぐっては、さまざまな説があり、モーツァルトとともに「謎の死」とされている。

音楽に限らず藝術には「形式」というものがある。法律のようにそれに逆らうと処罰されるわけではないが、識者から「邪道だ」「〇〇ではない」と批判される。だが、そうした批判を受け容れないほど優れたものだと、「新たな形式を生み出した」と評価されるわけである。

交響曲という形式では、楽章は四つ、その最後の楽章は速いテンポで堂々と終わらなければならないことになっていた。その「型」を破ったのが、チャイコフスキーの《悲愴》である。誰もが知っている、クラシックの「入門曲」「初心者のための名曲コンサート」の定番の曲ではあるが、この曲は実は革命的な曲なのである。単なる「悲愴感漂う陰鬱《いんうつ》な曲」ではないのだ。そして、その革命性は、ある程度の知識がないと分からない。

《悲愴》はチャイコフスキー自身の指揮で初演された。しかし、このときは不評だった。「消え入るように終わる音楽」に当時の人々はどう対応していいか分からなかったのだ。革命的な作品というものは、概してこういうものである。記念すべき革命の瞬間に立ち会った人々は、それがどんなに重要な意味を持っているか意識していなかったのだ。よく分からない、変な曲としか感じなかった。

周囲の評判は悪かったが、本人は傑作であると自信を持っていた。そして、出版することになり、《悲愴》という標題が付けられたのである。当初、チャイコフスキーは標題を付ける気はなかったのだが、出版社側の要請で付けることにしたという。弟が考えた最初の案は「悲劇的」だったが、チャイコフスキーは「そういう曲ではない」と拒否し、「悲愴」になったという。

交響曲の歴史に残る大革命を成し遂げたチャイコフスキーだったが、その初演から九日後に、急死してしまった。死因はチフスに罹《かか》ったため、というのが従来からの公式な説。そのため、《悲愴》は、その死を予言していた曲なのではないかとの解釈もされることがある。まるで、自分の死を悲しんでくれといわんばかりの曲だからだ。だが、チフスでの急死なのだから、チャイコフスキーが自分の死を予感していたとは思えない。そこで、浮上するのが、自殺説。

自殺を考えながら作った曲だというわけである。では、なぜ自殺しなければならなかったのか。それは、同性愛者だと知られたためだという。こんにちでは、同性愛者だと知られたという理由で自殺する人も少ないと思うが、十九世紀のロシアでは同性愛はかなりタブー視されていた。もし、それが明らかになると、社会的地位を一気に失ってしまったらしい。その上、チャイコフスキーと貴族の甥《おい》との関係を知った貴族から、自殺を強要されていたとの説を唱えるチャイコフスキー研究家もいる。そこで、わざと自分からチフスに罹って死んだというわけだ。しかし、この説は噂の域を脱していない。

実際にチャイコフスキーが同性愛者だったかどうかも、はっきりとは分かっていない。だが、たしかに、怪しい。結婚しているものの、すぐに破綻するし、パトロンでもあった富豪の女性フォン・メック夫人との関係はプラトニック・ラブだったなど、どうも女性関係において、肉欲がからまない。

死因がなんであれ、《悲愴》が革命的な名曲であることは、揺るぎのない事実である。

67 ブラームス（Johannes Brahms　一八三三〜九七）

「何を書いたか」よりも、「何を書かなかったか」をみたほうが、その作曲家のことが分かる場合がある。ブラームスが書かなかったのはオペラと交響詩。ともに、ロマン派時代のドイツ・ロマンの重要ジャンルでありながら、関心を寄せなかった。ではブラームスは音楽と文学の融合に興味がなかったのかというと、そうではない。歌曲はかなり書いている。オーケストラで文学的なことを表現しようという気がなかった

ヨハネス・ブラームス

だけかもしれない。
ヨハネス・ブラームスは一八三三年にドイツのハンブルクに生まれた。父は劇場オーケストラのコントラバス奏者だったが、生活は苦しかった。音楽家といってもピンからキリまであるのは、今も昔も同じだ。ブラームスは音楽界の底辺で生まれたことになる。父かららピアノを習い、弾けるようになると、十歳頃から生活のためにピアノ演奏をして稼いでいた。やがてピアノを教えたり編曲の仕事をしたりして生計を立てるようになる。
大きな転機は一八五三年、二十歳のときで、当時の有名なヴァイオリニストだったヨーゼフ・ヨアヒムと知り合ったことだ。そのヨアヒムからシューマン夫妻を紹介してもらい、自作のピアノ・ソナタを弾いて、シューマンに認められる。シューマンはブラームスを「ベートーヴェンの後継者だ」と評した。この恩があったために、ブラームスはシューマン夫妻に尽くすのである。
ブラームスが交響曲第一番を完成させたのは、一八七六年のことだった。着手したのはシューマンの死の直前の一八五五年だというから、二十年もかけたことになる。もちろん、その間に他の曲をたくさん作曲しているので、ずっとこれにかかわっていたわけではないが、かなり時間がかかった。ベートーヴェンの偉大な九曲を超えるものでなければ意味がないと思い込み、なかなか作れなかったからだ。

ブラームスはその後は割合と早いペースで四曲の交響曲を残した。いずれも名曲として、コンサートでもよく演奏されるし、CDも多い。四曲とも標題はない。その意味では古典派の様式に戻っている。だからブラームスを「新古典派」と呼び、古典派への回帰を、反動、保守的だと見る人もいた。様式にこだわり、そこから脱しようとしないブラームスは古いとされた。だが、ブラームスの交響曲は具体的な標題はないが、そこには明確に感情の発露がある。様式だけの曲ではないのだ。ブラームスは確実にロマン派の時代を生きた人だった。

実際、ブラームスの交響曲は、第三番第三楽章が映画『さよならをもう一度』（原作はサガンの『ブラームスはお好き』）で使われたように、かなり情緒的で、そこを嫌う人もいる。具体的な標題こそ持たない絶対音楽ではあるが標題性を持つという、交響曲の改革をなしとげたといえる。ベートーヴェンの革命を継承しつつも、リストが新しいジャンルである交響詩の創設に向かったのに対し、ブラームスは古典派様式を堅持しつつも、そこに新しい精神を盛り込むことに成功した。

音楽技術の点でも、ブラームスの交響曲は、専門的にみると、古い様式を維持しながらも、かなり進歩的な工夫が凝らされているという。古いようでいて、新しいのだ。ブラームスはハイドン、モーツァルトの研究もかなりしていたし、バロック音楽にまで関心を寄せ、バッハにも詳しかった。

一八九六年、恩人であるクララ・シューマンが七十七歳で亡くなると、その翌年、後を追うようにして、ブラームスは六十四歳で亡くなった。ブラームスは生涯、結婚はしなかった。そのためクララとの仲が、当時も、そして今もとりざたされているが、二人は何も語っていないし、何の証拠もない。永遠の謎である。

68 ブルックナー（Anton Bruckner　一八二四〜九六）

ブラームスと同時代にウィーンで活躍し、不仲だったことで知られるのが、ブルックナー。交響曲を九番まで書いた。ともに、絶対音楽的な交響曲ばかり書き、オペラも交響詩も書かなかったので、傾向は似ているのだが、ブルックナーが師事したワーグナーとブラームスが不仲だったことから、異なる派閥に属したかたちになった。

ヨーゼフ・アントン・ブルックナーは、一八二四年、オルガン奏者を父としてオー

アントン・ブルックナー

ストリアのリンツ近郊のアンスフェルデンで生まれる。だが、父が幼い頃に亡くなってしまう。聖フロリアン修道院少年聖歌隊に入り、そこでオルンなどを学んだ。だが若くして働かなければならず、十七歳で小学校の助教員とった。以後、ブルックナーは基本的には教員として生きる。小学校の教員になった後ウィーンに出てジーモン・ゼヒターに和声法と対位法を学び、一八五五年にリンツ大のオルガニストになった。

ワーグナーの音楽と運命的な出会いをするのが一八六四年で、《タンホ観たからだった。一八六八年にはウィーン音楽院の教授に就任した。

作曲もしていたが、なかなか世間に認められない。それでも、彼は交響曲の作続けた。習作であり、正式な番号がふられず、後に〇〇《ゼロゼロ》番とされたのが本当の最初の交響曲で、一八六三年に作曲された。つづいて、第一番が六六年、第〇《ゼロ》番が六九年（死後発見された、これも習作と思われるもの）、第二番が七二年と、作曲されていく。そして、七三年に、ついに憧《あこが》れていたワーグナーと会うことができ、その感激から、作曲中だった第三番をワーグナーに献呈した。

教会で育ち、学んだので、ブルックナーは神を信じていた人である。だが、ワーグナーはどちらかというと悪魔を信じた人なので、その差は大きい。そして、どちらが面白いかといえば、悪魔的音楽のほうなのは、言うまでもない。どうしてブルックナーが自分の音楽とは正反対のワーグナーを信奉したのかは、よく分からない。人間というものは自分にないものに憧れるものだといってしまえばそれまでだ。ともあれ、こうしたワーグナーへの接近から、ワーグナー派と思われるようになる。

一八八〇年代に入ると、ブルックナーのウィーン音楽界での地位は安定してくる。交響曲の作曲も数年に一作ずつのペースで進み、その間に過去の自作の改訂もするなどして、結局、第九番を第三楽章まで完成させたところで、一八九六年に亡くなっ

この時代、音楽で稼ぐのならオペラか、楽譜が売れる器楽曲、室内楽曲を書、で、交響曲は無名の作曲家が書いたのでは金にならない。ブルックナーが交して交けたのは、教職という安定した職業で生計を立てていたからだ。いわば家としての響曲を書き続けたのである。実際、なかなか演奏される機会もなく、名声が高まるのは晩年近くになってからだった。

現在、交響曲は四番以降が頻繁に演奏されるが、いずれもスケールが雄大で、その意味ではワーグナーに似ていなくもない。どの曲も、標題音楽ではない。第四番には

《ロマンティック》というタイトルがあるがこれは通称。合唱も加わらず、その意味では宗教音楽ではないのだが、響き方がオルガン的であることから、宗教的に聴こえる。

多くの女性に求愛したが、どの恋も実らず、生涯独身であった。

69 マーラー（Gustav Mahler　一八六〇～一九一一）

マーラーは生きていた当時は最も有名なオペラ指揮者であり、作曲家としては「やたらに長い曲を書く人」という程度でしか知られていなかった。五十一歳になる直前に亡くなるのだが、生涯の最後の時期になってようやく、作曲した作品が評判になった。マーラーが指揮者だった時代は録音技術がないため、彼の指揮者としての業績は文献のなかでの演奏批評から想像するしかない。つまり、指揮者としてのマーラーは語られないが、その作品は死後五十年を過ぎた一九六〇年代から一種のブームとなるほど、よく演奏されるようになった。

グスタフ・マーラーは、一八六〇年、当時はオーストリア領だったボヘミアで、ユ

アルマ・マーラー

グスタフ・マーラー

ダヤ人実業家の子として生まれた。ユダヤ系ではあったが、ドイツ文化のなかで育ち、四歳でアコーディオンを弾いて、十歳で最初のピアノ演奏会を行なった。ウィーンに出て音楽院に入るのが、一八七五年、十五歳のとき。七七年には教授だったブルックナーの講義を受けている。

卒業はするものの、ベートーヴェン賞に応募した作品が認められなかったことから、作曲家の道をとりあえず断念し、指揮者になる。カッセル、プラハ、ライプツィヒなどの歌劇場で指揮者として活動し、一八八八年には二十八歳の若さで、ブダペストのハンガリー王立劇場音楽監督に就任した。だがこの間も、作曲を完全にやめてしまったわけではなく、《さすらう若者の歌》《子どもの不思議な角笛》といった歌曲を作曲していた。ハンガリー王立劇場音楽監督に就任した年には、交響曲第一番も作曲している。

一八九一年にはドイツのハンブルク市立歌劇場、そして九七年には、ついにウィーン宮廷歌劇場の指揮者となり、半年後には総監督に就任した。これはオペラ指揮者としては最高のポストであり、約十年にわたりその座にあった。このことからも、当時のマーラーがいかに優れた指揮者であったかが窺《うかが》い知れるであろう。マーラーは単にオーケストラピットに入って指揮をするだけでなく、演出面でも責任を持ち、音楽、演技、舞台美術全般を改革していった。中枢に置いた演目はワーグナーとモーツァルトだった。

ウィーン宮廷歌劇場の総監督に就任する前も、してからも、オペラハウスが休みとなる夏の間は、作曲に集中していた。

一九〇二年には、アルマ・シントラーと結婚する。藝術的才能にあふれた女性で、クリムトとも付き合っていた。美術にも音楽にも才能があった女性だ。二人の女の子が生まれたが、一九〇七年に長女が亡くなってしまう。一九〇一年から〇四年にかけて、マーラーが《亡き子をしのぶ歌》という歌曲集を作曲したことも遠因で、夫婦の仲はおかしくなる。マーラーは体調を崩し、心臓病と診断された。この年をもって、ウィーン宮廷歌劇場の総監督は辞任する。そして秋からは海の向こう、アメリカのニューヨークのメトロポリタン歌劇場で指揮をすることになった。その後はニューヨーク・フィルハーモニックの指揮者にもなり、ヨーロッパとアメリカを半年ごとに往復するようになる。

一九一〇年、ミュンヘンで大作の交響曲第八番を自らの指揮で初演し、大成功した。だが、その翌年、五十一歳の誕生日の直前に亡くなってしまう。

生前、自分が認められていないことをマーラーは自覚していた。だが、「やがて私の時代が来る」といっていた。そして、死後半世紀経ってから——つまりは著作権が切れてからという経済的理由もあったが——マーラーの交響曲は爆発的なブームとなった。二十世紀後半、高度に発達した科学文明、情報化社会のなかで、人々は多くのストレスを抱えて生きるようになっていた。世紀末のウィーンでやはりストレスを抱えていたマーラーの音楽が、そうした人々の心に何かを訴えたのか。たしかに、どの曲も長い。起伏が激しく、うねりまくる。狂気と背中合わせのところもある。精神的に不安定な人がマーラーを聴けば、かえって安定するのか、よりおかしくなるのか、それは分からない。

70 曲名

クラシックの曲名は分かりにくい。ポップスはほとんどが歌なので、曲名は《赤いスイートピー》とか《横須賀《よこすか》ストーリー》とか、《レット・イット・ビー》とか、覚えやすいかどうかはともかく、すぐに区別がつく。だが、クラシックとなると、「交響曲第一番」とか「ピアノ・ソナタ第三十二番」など、製品番号のような「曲名」がほとんどだ。フィギュア・スケートでクラシックの曲が使われるとき、「交響曲第三番」としか曲名が紹介されず、いったい誰が作ったのか分からないこともある。

楽器だけで演奏される交響曲やピアノ・ソナタ、弦楽四重奏曲などは、もともと「何かの物語を描いているわけではない」ので、作曲家としてもタイトルを付けようがなく、工業製品の規格番号のような「曲名」となる。ハイドンやモーツァルトの時代は、こういう番号すら、付けられていなかった。何年も前に作った曲を再演する機会そのものがなかったので、区別する必要もなかったのだ。

だが、やがて昔の曲も演奏されるようになるし、楽譜として出版されるようになると、番号だけでは不便だし売りにくい。すると、「ハ長調の交響曲」とか「イ短調のソナタ」などと調性を記して区別するようになるが、それでも分かりにくい。そこで登場するのが、ニックネームである。作曲者の与《あずか》り知らぬところで、勝手に曲名が付けられていく。

モーツァルトの最後の交響曲(第四十一番)は、ギリシャ神話の偉大な神ゼウス(ジュピター)のようだというので、《ジュピター》と呼ぶ。《プラハ》《パリ》《リンツ》というタイトルの交響曲もあるが、これらはその土地の風景やそれにちなむ物語を描いたわけではなく、単に、その都市に滞在中に作曲したというだけの理由で、そう呼ばれている。

ベートーヴェンの最後のピアノ協奏曲(第五番)は、皇帝のように立派だというので《皇帝》と呼ぶが、これもベートーヴェンが付けたわけではない。

交響曲やソナタなどの通称は、ビジネス上の「大人の事情」で付けられたものが多い。たしかに、規格番号のような数字よりも単語のほうが覚えやすいし、便利ではあるが、誤解のもとにもなる。ドヴォルザークの交響曲第八番は《イギリス》あるいは《ロンドン》と呼ばれるが、これはロンドンを描いた音楽ではなく、ロンドンの出版社から出版されたという理由でそう呼ばれていた。しかし音楽そのものは、チェコの民族色の濃いものなので、ロンドンともイギリスともまったく関連がない。

曲名のニックネーム的タイトルには、「ジュピター」など世界共通のものもあれば、日本だけでしか通用しないものもある。

ショパンの「別れの曲」は哀しいメロディーではあるが、恋人や親しい人との別れを描いたものではない。これはショパンの生涯を描いた映画が日本で公開されたときに『別れの曲』という邦題となり、その映画の別れのシーンでこの曲が流れたので、日本でそう呼んでいるだけだ。ベートーヴェンの交響曲第五番も、ベートーヴェンが弟子に「運命はかく扉を叩《たた》く」と説明したという伝説から「運命」と呼ばれているが、これも日本以外ではほとんど通用しない。

マーラーの交響曲も、第一番《巨人》、第二番《復活》、第六番《悲劇的》、第七番《夜の歌》、第八番《千人の交響曲》などが知られているが、すべてマーラーが付けたものではなく、日本でしか通用しない。第一番はマーラーが「巨人」という小説に触発されて書き、ある段階ではこう名付けていたが、最終的にはその題を破棄した。第二番は第五楽章に「復活」という詩を元にした歌詞が付いているので、こう呼ばれているだけで、マーラーが交響曲全体に付けたタイトルではない。第六番は「これは悲劇的な曲だ」とマーラーが言ったという噂レベルの話からこう呼ばれるが、マーラーはあくまで曲のイメージについて「悲劇的」と表現しただけで、「悲劇的」なことを音楽で表現したわけではない。第七番は長い曲で、その一部分を「夜の音楽」と呼んだだけなのに、曲全体のタイトルのように扱われている。第八番は大合唱団を必要とし、千人近くがステージに上がるので、「千人の交響曲」と呼ばれるが、興行師が付けたものだ。マーラーは絶対にそう呼ぶなと手紙で指示しているくらいだ。日本のレコード会社や興行会社は、作曲者マーラーの意向を無視するのか、あるいは無知なのか、「千人の交響曲」と呼び続けている。

ショパンは世代としてはロマン派に属するが、標題音楽は書かなかった。したがって、彼の「別れのワルツ」、エチュード「革命」「木枯らし」、プレリュード「雨だれ」、ポロネーズ「英雄」などは、タイトルのある曲として有名だが、いずれも標題音楽ではないし、そのタイトルもショパン自身が付けたものではない。彼は、こういう愛称を付けられるのを嫌っていたともいう。

きりがないので、これくらいにしておくが、クラシックの曲名は、作曲家の意志とは無関係なものが多い。

71 音楽の印象派

絵画の印象派といえば、モネとかセザンヌだが、音楽にも印象派がある。印象派絵画は十九世紀のフランスで始まるが、音楽もフランスの作曲家、ドビュッシーやラヴェルのことを、「印象派」と呼ぶことがあるのだ。

絵画における印象派の位置づけは、写実主義の対極にある。だが、音楽にはもともと写実主義というものはない。音楽というものは、ようするに、印象的なものだからだ。写実的とされるベートーヴェンの《田園》にしても、「田園の印象」を感じるだけである。

ようするに印象派音楽は、絵画の印象派にその感じが似ているということで、そう呼ばれているだけで、グループとして活動したわけでもなければ主義や主張があったわけでもない。

だが、やはり同時代に同じ地域にいると、画家であれ音楽家であれ、その時代精神は共有するもので、印象派の絵画と音楽とが似ていることは確かなのだ。印象派絵画といえば、輪郭が曖昧《あいまい》で、色彩が華麗というのが特徴だが、ドビュッシーやラヴェルの曲も、ドイツのブラームスやブルックナーなどの曲が、がっしりとした構成を感じさせるのに対し、曖昧模糊《あいまいもこ》とした印象の曲だ。リズムも漠然としている。そしてメロディーは美しい。

そして、印象派絵画が二十世紀のキュビスムやシュールレアリスムに影響を与えたように、音楽の印象派も、リズムとハーモニーを崩壊させていく二十世紀の「現代音楽」に大きな影響を与えている。曲そのもののすばらしさはもちろんのこと、音楽史においても、印象派はけっこう重要な役割を果たしているのである。

フランス印象派を代表するドビュッシーとラヴェルは、互いに知ってはいたが、それほど親しかったわけではない。

72 ドビュッシー（Claude Debussy 一八六二〜一九一八）

ドビュッシーは文学者になりたくてなれなかった作曲家ともいえる。「印象派」と呼ばれ、絵画とのつながりが深いイメージがあるが、そうではないのだ。

クロード・ドビュッシー

ドビュッシーは一八六二年にフランスのサン・ジェルマン＝アン＝レーに生まれた。両親は音楽には何の関心もない人たちで、彼は伯母《おば》に育てられた。この伯母は銀行家の愛人で、裕福な暮らしをしており、絵画のコレクターでもあった。ドビュッシーが最初に出会った藝術は美術だったのである。そして、この伯母がカンヌに引っ越したのに伴い、少年時代のドビュッシーもカンヌによく滞在し、その海の景色が心に刻まれた。

音楽の世界に入ったのも伯母の手引きだった。ショパンの弟子だった女性の目にとまり、その人が両親を説得してくれて、十歳にしてパリ音楽院に入るのである。この音楽院では十二年間、学ぶ。

在学中の十九歳のときには学費を稼ぐために、チャイコフスキーのパトロンであったフォン・メック夫人が長期旅行に行くときのピアニストとして雇われたこともある。その縁で作曲した小品をチャイコフスキーへ送ったものの、酷評を受けた。

一八八四年、ドビュッシーはカンタータ《放蕩《ほうとう》息子》でローマ大賞を受賞した。新人作曲家として認められたのである。最初はワーグナーに心酔していたので、バイロイト音楽祭を訪れたが、本物のワーグナーの音楽に触れたことで、逆にその音楽の限界を感じて転向し、ワーグナーとは異なる音楽を目指すことにした。つまり、「もっと本能的な、形式に縛られないもの」である。

一八八九年にはパリ万国博覧会で日本などの東洋の藝術と触れ合う。こうやって、ドビュッシーの藝術観はできあがっていった。

そして一九一四年にガンを発病し、一九一八年に亡くなった。

ドビュッシーは交響曲といった様式のある曲は書いていない。オーケストラで演奏する曲としては、《牧神の午後への前奏曲》《海》などが知られ、歌曲、ピアノ曲も多い。そういう意味では後期ロマン派に分類していい。

オペラ《ペレアスとメリザンド》はメーテルリンクの戯曲が原作で、音楽はとてもワーグナーに似ている。

その音楽は、どこか東洋的に響くところもあり、西洋音楽の枠を逸脱しようとしている。その後の「二十世紀音楽」に大きな影響を与えるのである。

73　ラヴェル（Joseph-Maurice Ravel　一八七五～一九三七）

ドビュッシーより一世代後になるが、ともにフランス印象派とされるのが、ラヴェル。同じ国に同じ時代に生きたので交流はあるが、それほど親しいわけでもなければ、すごく仲が悪かったわけでもない。ようするに、あまり関係がなかった。

ジョゼフ＝モーリス・ラヴェルは一八七五年に、フランスの南西部、スペインとの国境に近いバスク地方で生まれた。父はスイス系のフランス人で技師だった。母はこの地域の人で、スペイン系の血も混ざっている。このバスク地方は闘牛で有名だが、魔術への関心が高い地域だった。そのせいか、ラヴェルの音楽には魔術的な響きがある。メロディーは明確で、リズムはしっかりあるのだが、どこか輪郭が曖昧で、とらえどころのないイメージなのだ。

ラヴェルは一八八九年にパリ音楽院に入り、一九〇〇年にはローマ賞に応募するが落選、音楽院から除籍になる。聴講生として音楽院には残り、ローマ賞には合計五回も挑戦するのだが、結局、最後の一九〇五年にも落選してしまう。コンクールでは本当の評価は定まらないとはいうものの、これはかなりひどい成績である。一九〇五年の時点ではラヴェルはすでに音楽院の外ではかなり有名で評価されていたので、ようするに、その新しさが、審査員たちに理解されなかった、あるいは嫌われたということであろう。実際、審査に不透明なところがあって問題となり、音楽院院長が辞任に追い込まれている。

ジョゼフ＝モーリス・ラヴェル

二十世紀になって、ヨーロッパにもその新しさが伝わった音楽が、アメリカで生まれたジャズだった。アフリカから奴隷として連れてこられた黒人の音楽と、ヨーロッパからの移民の音楽とがぶつかり、化学反応のようなものを起こして生まれた音楽だ。その発祥の地であるニューオーリンズはアメリカ大陸のなかで元はフランス領だったところなので、フランス文化の影響が強い。つまり、ジャズにはもともとフランス的な何かが潜んでいる可能性があるのだが、ラヴェルは敏感にそれを感じとったのか、ジャズの影響を受けた。

すでに音楽院在学中から作曲家として名をあげていたので、ラヴェルはそのままプロの作曲家となり、次々と傑作を生み出していく。この時代の作曲家は、オーケストラやバレエ団、あるいは演奏家たちからの依頼で曲を書く。

　ラヴェルの代表作はバレエ《ダフニスとクロエ》《亡き王女のためのパヴァーヌ》などで、最初はピアノ曲として書かれ、後にオーケストラ用に自ら編曲したものが多い。自作だけではなく、ムソルグスキーのピアノ曲《展覧会の絵》をオーケストラ用に編曲したものも有名だ。メロディーを作る能力もきわめて優れていたが、編曲の才能も秀でていた。そのため、ラヴェルは「オーケストラの魔術師」とも呼ばれる。

　第一次世界大戦では、愛国心に燃え、パイロットを志願するが、その希望は通らず、トラック運転手として前線に向かった。しかし、戦争中に病に倒れてしまう。戦後も、名声は高まっていたので、アメリカにピアノの演奏旅行に行くなどの活動をしていた。しかし、やがて体調を崩し、記憶障害も起こし、脳外科の手術をするもうまくいかず、一九三七年に亡くなった。六十二歳だった。

　同性愛説もあり、そのためなのか、無神論者でもあったようで、神話に題材をとったものはあるが、キリスト教にちなむ曲はない。

　ラヴェルの編曲の才能が最も明確に現れているのが、《ボレロ》だろう。これは同じメロディー、同じリズムが楽器を変えるだけで何度も繰り返される。退屈で、途中で飽きてしまうところだが、だんだんに楽器が増えていくので、盛り上がっていき、なかなかスリリングである。なんでこんな単純なものに感動してしまうのか、聴いた後で不思議になる。

最後は、まるで風船がしぼむように終息する。完璧《かんぺき》に計算されているわけだが、その計算を、まったく感じさせない。原始的でありながら現代的だ。不思議な曲である。

74 サティ (Erik Alfred Leslie Satie 一八六六～一九二五)

「あらゆる意味にでっちあげられた数章」「はた迷惑な微罪」「自動記述法」「干からびた胎児」「世紀ごとの時間と瞬間的な時間」「最後から二番目の思想」——なにか洒《しゃ》落《れ》た短編小説のタイトルのようだが、これはエリック・サティの曲のタイトルだ。ハイドンの交響曲のふざけたタイトルは他人が勝手に付けたものだが、これらはサティ自身が付けたもの。このように、変わったタイトルがサティの曲の特徴だ。いま挙げたものはどれもピアノで演奏するもので「歌詞」はない。聴いて、タイトルの意味を深く考えても解答は出ない。

サティは十九世紀後半から二十世紀初頭に活躍したフランスの音楽家で、「音楽の改革者」のひとりだ。ドビュッシーやラヴェルにも大きな影響を与え、戦後の現代音楽にも大きな影響を与え、ミニマル・ミュージックの先駆けとも言える。

というわけで、「現代の音楽」の元祖なのだが、同時にそれまでの伝統的な音楽からすると「異端」であり「革命」だった。

サティは一八六六年にフランスのノルマンディー地方の小さな街オンフルールに生まれた。父は海運業を営んでいたが廃業してパリへ移る。母はサティが五歳になる年に亡くなり、祖父母のもとで育てられるが、その祖母が溺死《できし》するなど、幼少期には家族の不幸が続いた。しかし、祖父が音楽的素養のある人だったので、教会のオルガン奏者からピアノを習うなど、音楽教育を受けることができた。さらに父がピアノ教師と再婚したので、この継母からも習い、パリ音楽院に入った。しかし、才能はあるが怠け癖があったので音楽院での成績は悪かった。音楽も好きだったが、神秘思想にもかぶれ、藝術家が多く集まる「黒猫」という酒場に出入りし、ピカソやコクトーなどと知り合った。この酒場でピアノを弾いていたわけで、これはクラシックの音楽家としては珍しい経歴である。普通なら、この段階で「まともな音楽

エリック・サティ

家」の道は断たれる。まさに、異端である。

結局、サティは音楽院を退学してしまい、神秘主義の秘密結社である「薔薇《ばら》十字団」に入り、その専属作曲家となった。

音楽における革命としては、「機能和声」を無視し、「調性」を放棄、そして、廃れていた「教会旋法」を復活させたこと、「自由な拍子」で書いたなど、音楽の作り方を根本的に変えたといっても過言ではない。

こうした新しい音楽は、若い世代には支持されたが、当時のアカデミズムからは認められず、経済的にも不遇で、酒場にいりびたっていたためか肝臓を病み、五十九歳で亡くなった。クラシックの音楽家は、晩年は栄光に包まれるのが普通なので、生き方の点でも、異端だ。こういう「異端の人」の存在で、音楽は革新されていく。

サティの音楽は、コンサートホールでかしこまって聴くための音楽ではなかった。彼は自分の音楽を、酒場で客の邪魔にならない音楽という意味で「家具の音楽」と呼んだ。酒場や喫茶店などでのBGMを目指したのだ。そういう意味でも、現代の音楽のあり方に先駆けている。レコードや放送が本格化する以前から、やがて音楽がコンサートホールを飛び出していくことを知っていたかのようだ。

第Ⅵ章　二十世紀

75　二十世紀音楽

「二十世紀音楽」というジャンルはあるようでない。二十世紀は、あまりに音楽が細分化された時代であり、さらにそれまでの音楽史は、基本的には「西洋音楽史」と同義で、ヨーロッパのことだけをみていけばよかったが、二十世紀になると世界各地の民俗音楽も視野に入れなければならず、さらにはポピュラー・ミュージックという存在もある。同じ百年でも、それまでの世紀とはスピード感が違う。

そのなかで、クラシック音楽は、すでに十九世紀後半に変化の兆しが見られたが、それが顕在化していく。まずは「調性」というものが崩壊していき、「無調音楽」が生まれる。タブーだった不協和音も認められる。リズムも規則性が破られていく。

つまり、もともとは無秩序だったものが、長年の間に秩序化されていき、バロックから古典派の時代に完成したさまざまなルールが「旧秩序」とみなされるようになり、破壊されていくのである。それは、二十世紀が「革命の時代」だったことも無関係ではないだろう。歴史は進歩していくものだという考え方が基本にはある。

その結果、クラシック音楽は秩序を失っただけでなく、聴衆も失った。そんな前衛的なものについていける人は「業界」の人だけになってしまったのだ。クラシックを趣味として楽しんでいる人にとっては、モーツァルトやベートーヴェンのままでよかったのだ。

音楽家を支える社会構造も変わった。王侯貴族と教会に代わる「裕福な市民層」というものは相変わらず存在はしたが、ひとりの貴族がひとりの音楽家を丸抱えできるような時代は終わっていた。

音楽家たちは、楽譜の出版による印税収入やコンサートでの収入だけで食べていかなければならず、また大衆教養主義時代の到来によって、それが可能となった。とくに、演奏家にとっては、交通機関の発達によって、世界中をまわることが可能となり、市場は拡大した。レコードの登場は新たな収入源にもなった。

だが、作曲家としては、スポンサーがいなくなり、商業主義のなかで生きていかなければならなくなっていく。唯一、社会主義国の作曲家だけが、十八世紀の音楽家のように国家の庇護《ひご》のもとで、「売れない音楽」を作曲し続けることができた。

オペラの新作が求められなくなる一方で、作曲技術の売り出し先として、映画という新たな場が生まれた。とくに、ナチス・ドイツの迫害を逃れてアメリカへ亡命したユダヤ系の作曲家たちは、多くがハリウッドで活躍した。
終わってからまだ二十年にも満たない二十世紀音楽の総括はこれからだ。

76 リヒャルト・シュトラウス（Richard Georg Strauss　一八六四〜一九四九）

ドイツの後期ロマン派の掉尾《ちょうび》を飾る人である。指揮者としても知られ録音が遺《のこ》っている。

リヒャルト・シュトラウスは一八六四年に当時のバイエルン王国のミュンヘンで、宮廷歌劇場首席ホルン奏者の子として生まれた。母はビール会社の経営者の娘だった。そんなわけで裕福な家庭で育ち、幼い頃から父による音楽教育を受ける。

一八八二年にミュンヘン大学に入学し、そこで出会った指揮者のハンス・フォン・ビューローに作品が認められ、さらに、八五年にはビューローの助手としてマイニンゲンで副指揮者となる。八九年、交響詩《ドン・ファン》が初演され、賛否両論ではあったが、とりあえず成功する。その後、《ティル・オイレンシュピーゲルの愉快ないたずら》《ツァラトゥストラはかく語りき》などの交響詩を次々と完成させるが、一八九八年の《英雄の生涯》で、このジャンルとは縁を切り、以後はオペラに関心を向けるようになる。

オペラでの最初の成功は、一九〇五年のオスカー・ワイルド[illegible]《サロメ》だった。だが、あまりにもエロティックなため、ニューヨークでは上[illegible]になってしまう。いまも演出によっては物議を醸す作品である。

詩人のフーゴ・フォン・ホーフマンスタールが台本を書いた《エレ[illegible]《ばらの騎士》も大成功する。《ばらの騎士》はモーツァルトの《フィガロの[illegible]めにパロディにしたような作品だ。その後も、何作もオペラを書くが、結[illegible]期の作品を超えるものはできなかったとされている。

一九三〇年代には、シュトラウスはドイツ音楽界の頂点に立っていた。作曲家[illegible]てもそうだし、指揮者としても、ミュンヘン、ベルリン、ウィーンの歌劇場で監督[illegible]歴任しており、輝かしいキャリアを築いていた。

だが、そこに悪魔のナチ政権がやってくる。宣伝大臣となったゲッベルスは文化・藝術を国家のもとで管理することにし、宣伝省の下に文化院を創設し、さらにその下に音楽院を置いた。シュトラウスはその初代総裁に任命された。単なる名誉職的なものだったのか、かなりの実権があったのか、そのあたりの評価は研究者によってかなり異なる。いずれにしろ、戦後はナチに協力したとして、批判された。

作曲家としては二十世紀初めで彼の時代は終わっていたともいわれる。本人も晩年は自分は「過去の人」だという趣旨の発言をしており、長生きするのも、なかなか辛《つら》いものがあると思わせる人生だ。

彼の死によって、ようやくロマン派は本当に終焉《しゅうえん》を迎えるのである。

77 シェーンベルク（Arnold Schönberg 一八七四〜一九五一）

「無調音楽」「十二音音楽」の創始者とされるのが、シェーンベルク。

それまでの音楽には調性があった。ハ長調とかト短調とか、いろいろあ[illegible]調いずれかの主和音をもつ和声的な音体系」というのが、音楽辞典での[illegible]ここで[illegible]実際に楽器を演奏しない人にとっては、よく分からないのが、この調性であった調性もあまり踏み込まないことにする。シェーンベルクは、この音楽[illegible]を破壊したのである。

シェーンベルクにはベルクとヴェーベルンという弟子が[illegible]て、三人を合わせて、

「新ウィーン楽派」、あるいは「第二次ウィーン楽派」と呼ぶ。「旧ウィーン楽派」「第一次ウィーン楽派」にあたるのが、ハイドン、モーツァルト、ベートーヴェンだ。旧の三人は互いに面識があったが、世代も少しずつ異なるし、グループ意識などなかったが、「新」の三人はグループ意識があった。

アルノルト・シェーンベルクは、一八七四年にウィーンで生まれた。ユダヤ人の靴屋の子で、八歳からヴァイオリン曲の作曲を始める。十五歳で父が亡くなったため、銀行に勤めるようになるが、独学で音楽の勉強を続ける。作曲家のツェムリンスキーに指導を受けたこともあった。

当時のウィーンではブラームス的な絶対音楽とワーグナー的な標題音楽とが、まだ対立していたが、シェーンベルクはその両方を結合しようとする。いずれにしろ、最初は後期ロマン派の範疇《はんちゅう》の曲を書いていた。そのひとつが、代表作でもある《浄《きよ》められた夜》だ。標題音楽で、ドイツの詩人、デーメルの詩を原作としている。男女の愛の物語で、とてもドラマチックだ。しかし、音の輪郭は曖昧《あいまい》で、明らかに十九世紀までの音楽とは響きが異なる。

アルノルト・シェーンベルク

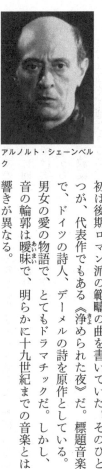

シェーンベルクはいままでの音楽とは異なる新しい方法論を模索して、調性の放棄＝無調へと向かった。無調に向かっての実験を繰り返していく過程でもさまざまな作品が生まれた。工業製品では実験段階のもの、試作品は商品にはならないが、藝術の場合、実験的作品も作品のうちなのだ。そして、一九一一年の「六つの小さなピアノ曲」で、調性をほぼ完全に放棄した。

後世では高く評価されるが、当時の評判は悪い。実験的な音楽など、誰もお金を払って聴きたいとは思わないであろう。ごく内輪の間でしか、受けなかったようだ。一九二一年から三三年まではシェーンベルクの「十二音音楽の時代」と呼ばれている。十二音技法という作曲技法が確立されるのだ。

この頃から音楽界での評価も高まり、一九二五年にはベルリンのプロイセン藝術アカデミーの教授になる。ところが、ナチが政権をとってしまう。シェーンベルクはユダヤ系だったので、一九三三年に職を追われると、そのままアメリカへ亡命した。戦後もドイツには戻らずアメリカで暮らし、南カリフォルニア大学とカリフォルニア大学ロサンゼルス校で、教鞭《きょうべん》をとり、一九五一年に七十七歳で亡くなった。

一般的な知名度は低いかもしれないが、二十世紀の音楽界に最も大きな影響を与えた人だ。たしかに、無調とか十二音とかいうのは専門知識がないと分からないのだが、音楽そのものは、それとは関係なく聴けるはずだ。理解したことにはならないかもしれないが、感じることはできるはずだ。音楽とは感情の伝達のためにあるともいえる。実験ではなく作品となっているものは、何らかの感情表現であるはずだ。

78 ラフマニノフ（Sergey Rakhmaninov 一八七三〜一九四三）

セルゲイ・ラフマニノフはロシアの地方貴族の家に、一八七三年に生まれた。父方の祖父はアマチュアのピアニストとして知られ、母も裕福な貴族の娘でピアノを弾くなど、音楽一家に生まれ、ピアノ音楽のなかで育った。当時のロシア貴族にとって音楽は基礎的な教養であり、楽器演奏も趣味としては盛んだった。しかし、職業演奏家の社会的身分は低く、貴族の子が就くような職業ではない。ラフマニノフも子どもの頃からピアノを習い、九歳の年からペテルブルク音楽院に通っていたが、両親は職業音楽家にさせるつもりはなかった。

しかし、父が金銭感覚のない人だったので、ラフマニノフ家は没落し、家屋敷、土地を手放すことになった。さらには母が実家から相続した農地まで手放し、両親は離

セルゲイ・ラフマニノフ

婚してしまい、母と子どもたちはペテルブルクの賃貸住宅で暮らすことになった。こうして貴族のラフマニノフは、プロの音楽家として生活のためにピアノを弾き、作曲をするようになる。

音楽院ではピアノ以外の一般の科目もあったのだが、ラフマニノフは音楽以外の成績がひどく、退学寸前にまでなってしまう。母が奔走して、今度はモスクワの音楽院へ入り、ピアノ科と作曲科で学んだ。スクリャービンとは同期で、二人は音楽の傾向は正反対だったが、親しくなった。

音楽院の卒業制作として書いたオペラ《アレコ》がボリショイ劇場で上演されるなど、作曲家として順調なスタートを切ったものの、一八九五年に書いた交響曲第一番が、指揮者と折り合いが悪く、それが原因で初演は大失敗に終わり、鬱《うつ》状態になり、スランプに陥った。ここから脱して、起死回生となったのが、ピアノ協奏曲第二番であった。

ピアノ協奏曲というジャンルはモーツァルトあたりから本格的に作られるようになり、ベートーヴェンで頂点を極めた。なかでも、最後の第五番は「皇帝」というニックネームで呼ばれるほど、このジャンルでのまさに皇帝である。その後も、ショパンやシューマン、メンデルスゾーン、リスト、ブラームス、そしてチャイコフスキーらもピアノ協奏曲に挑み、名曲が生まれたが、その最終ランナーとなったのが、ラフマニノフだった。

ピアノ協奏曲第二番は成功し、私生活でも幸福な結婚をし、ピアニストや指揮者としても活躍し、ラフマニノフの音楽家人生は順調だった。一九〇九年には初めてアメリカへ演奏旅行をし、新作のピアノ協奏曲第三番を披露した。

ところが、一九一七年にロシアでは革命が勃発《ぼっぱつ》した。没落したとはいえ、ラフマニノフは貴族だったので、この世界初の社会主義政権に対してはなじめなかったようだ。さらに、もともと混乱が嫌いだったので、国外での演奏旅行を口実にして、手荷物ひとつだけを持って、革命直後の混乱のロシアから出国した。結果として、これが故国との別れとなる。

ラフマニノフはヨーロッパ各地を演奏する生活となったが、アメリカへ渡ると、そこに永住することを決意した。それでも一年の半分はヨーロッパで演奏した。

亡命した音楽家は演奏で稼ぐしかない。アメリカ時代のラフマニノフは作曲家ではなく、コンサート・ピアニストとして生きた。自作だけでなく、ベートーヴェンやショパンの作品も弾いて、喝采《かっさい》を浴びたのだ。ピアニストとしても当代一だった。自作曲を含め、ピアニストとしての演奏は録音が残り、CDで聴くことができる。

それでも、一九二六年にピアノ協奏曲第四番を完成させた。そして、第二次世界大戦のさなかの一九四三年に、七十歳を目前にしてアメリカで亡くなった。

哀愁を帯びた甘くセンチメンタルな音楽は、ムード音楽のようだとバカにされていた時期もあったが、再評価されている。映画にも、フィギュア・スケートにもよく使われる。

79 バルトーク (Bartók Béla Viktor János 一八八一〜一九四五)

バルトークはハンガリーを代表する音楽家のひとりだ。ハンガリーでは人名を日本のように姓―名の順に表記するので、バルトーク・ベーラとするのが正しいが、西欧風にベーラ・バルトークとすることも多い。

一八八一年に農学校校長で音楽愛好家だった父とピアノ教師の母との間に生まれた。そういう環境だったので、幼い頃から音楽のなかで育ち、言葉よりも先に音楽を身につけた。四歳で自分の作った曲をピアノで弾き、五歳から正式にピアノを習うという「神童」だった。しかし七歳の年に父が亡くなり、母はピアノ教師として働かなければならなくなる。生活は楽ではなかったが、母は息子を「神童」「天才少年」として興行させて金儲《かねもう》けをしようとは思わない。普通の学校に通わせながら、ピアノも続けさせた。

一八九八年、十七歳になる年、バルトークはブダペスト王立音楽院（後、リスト音楽院）へ入学した。音楽院へ入る前からブラームスの影響を受けて作曲も始めていたので、在学中から、作曲家・演奏家として知られていく。

バルトークが目指したのは、「真のハンガリー音楽」の確立だった。十九世紀後半に東欧・北欧・ロシアで湧き起こった民族音楽（国民楽派）運動により、なるほど、各国に民族音楽が生まれた。しかし、それらはドイツ音楽の様式のなかに、それぞれの民族に伝わる旋律やメロディーをあてはめたものが多かった。バルトークは、真のハンガリー独自の音楽を確立しようとしたのだ。

ベーラ・バルトーク

そう考えたバルトークが始めたのは、「民俗音楽」

の採集と研究だった。「民族音楽」と「民俗音楽」はともに「みんぞくおんがく」なので、紛らわしい。変換ミスによる誤植も多く、音楽書編集者を悩ますが、英語にすれば、ethnic music と folk music であり、間違えることはない。前者はその民族固有の音楽で、後者は「民衆の間で口頭伝承されてきた音楽」のことで、作曲者が特定されているわけではない民謡などがこの民俗音楽に含まれ、それぞれの民族の民俗音楽が「民族音楽」となるという関係だ。

バルトークはハンガリー各地の農村をまわり、その地に伝わる音楽を集めていった。録音技術がないので、自分の耳で聴いて楽譜に記していったのだ。こうして集めた音楽を研究し、ハンガリー特有の音楽表現を取り入れた曲を作っていった。

民俗音楽の研究で協力し合ったのが、同じハンガリーのコダーイである。

一九四〇年、バルトークはナチス・ドイツを嫌ってヨーロッパから出てアメリカへ渡った。強制的な移住ではなかったが、「故国喪失者」となったバルトークは、一時期、作曲ができなくなった。立ち直ったものの、一九四五年に白血病で亡くなった。

代表作としては、オペラ《青ひげ公の城》、パントマイム《中国の不思議な役人》、《管弦楽のための協奏曲》、《弦楽器、打楽器とチェレスタのための音楽》などがある。

ピアニストとしても活躍し、録音も遺《のこ》っている。

80　プロコフィエフ（Sergey Prokofiev　一八九一〜一九五三）

一九五三年三月五日は、ソ連共産党書記長にしてソ連邦閣僚会議議長（首相）スターリンが死んだ日だが、この同じ日に亡くなったのが、ソ連を代表する作曲家プロコフィエフである。スターリンは一八七九年生まれなので、十二歳上になる。

ロシア革命後、多くの藝術家が自由のない体制を嫌って亡命していった。プロコフィエフもそのひとりだったが、帰国し、以後はソビエト体制の中で生きる。といって、彼はゴリゴリの共産主義者だったわけでもないし、ソ連に帰ってからも厚遇されていたわけでもない。ソ連時代のロシアの作曲家には、ラフマニノフやショスタコーヴィチがいるが、ラフマニノフはさっさと亡命してしまい二度と戻らなかったし、ストラヴィンスキーも亡命後は旅行者として帰ったことはあるが、暮らしはしなかった。少し下のショスタコーヴィチはソ連の外には旅行はしたが、亡命はしなかった。プロコフィエフだけが、亡命して帰国し永住という、複雑な人生コースを歩んだ。

プロコフィエフは貴族の農場管理人の子として、一八九一年に生まれた。五歳で最初の作曲をするなど、幼少期から音楽の才能を発揮した神童だった。九歳で交響曲にも挑んだという。ペテルブルク音楽院に入り、リムスキー＝コルサコフに師事した。

セルゲイ・プロコフィエフ

音楽院在学中の一九一二年に書いたピアノ協奏曲第一番と一三年の第二番は当時の音楽界へ衝撃を与えた。強烈なリズム、グロテスクと評される曲想、曖昧《あいまい》な調性といった、これまでの叙情的で歌うような旋律からかけ離れた、新しい音楽だったのだ。

プロコフィエフは新進気鋭の作曲家にしてピアニストとして、たちまち有名になり、一九一四年には国外へ出た。

一九一六年から一七年にかけて書いた《古典交響曲》は、ハイドンの古典的様式にしたがって書いたものだった。このように多彩な作風を持つ。

ロシア革命後は、シベリアを経由して日本へ来て、演奏旅行をした後、アメリカへ渡り、そののち、パリに定住した。この海外での亡命生活は約二十年続いたが、その間の、一九二七年にいったんソ連へ旅行し、三か月ほど滞在し、歓迎された。そして一九三六年にソ連へ帰国し、亡命生活を終える。しかし当時のソ連はすでにスターリンによる粛清が始まっていた。プロコフィエフが、どこまでそれを知っていたのかは分からない。

パリでの亡命時代、すでにプロコフィエフの音楽は「新しいもの」ではなくなっていた。もっと新しい音楽が始まっていたのだ。そして郷愁が募っていたのだろう。

こうしてソ連へ帰ると、当初は歓迎されたが、粛清の嵐に巻き込まれ、その音楽が批判された時期もあった。

代表作でもある《戦争と平和》はトルストイの小説をオペラにしたものだが、当局の命令で何度も書きかえなければならなかった。交響曲、ピアノ協奏曲の他、ピアノ・ソナタでもよく知られ、また映画音楽もエイゼンシュテインの『イワン雷帝』をはじめ、何作もある。

ラフマニノフ同様、ピアニストとしての演奏の録音も遺っている。

81 ストラヴィンスキー（Igor Fyodorovitch Stravinsky　一八八二〜一九七一）

二十世紀音楽史上最大のスキャンダルとされているのが、一九一三年のパリにおける、ストラヴィンスキーの《春の祭典》の初演。クラシックのコンサートといえば、正装した紳士淑女が行儀よく聴き、演奏中は会話などもってのほかだし、咳《せき》・くしゃみですら遠慮がちにしなければならず、演奏中は客席から動いてはいけない。そのかわり、演奏が終われば、拍手し、ブラボーと叫んでもいい。ところが、《春の祭典》初演の場合、演奏中からヤジと怒号が飛び交い、やがて客同士が殴りあうという大混乱になったというのだ。プロレスでもこんな騒動はめったにないだろう。

イーゴリ・ストラヴィンスキーは一八八二年にロシアのペテルブルク近郊で、バス歌手の父、ピアニストの母の間に生まれた。音楽家になるべくして生まれた環境である。だが、両親は彼を音楽家にする気はなかった。ピアノは九歳から習ったというが、これも一般教養のひとつくらいのつもりだった。大学に進学し法律を学んでいたのだが、その大学で知り合ったのが、作曲家のリムスキー＝コルサコフの息子だった。その関係で二十歳のときから、このロシアを代表する作曲家に師事し、翌年父が亡くなると完全に法律から音楽に転向した。

リムスキー＝コルサコフのもとでは六年にわたり勉強した。オーケストラ曲も書けるようになり、そのひとつ《花火》が、バレエ界での前衛だったディアギレフの目に留まった。こうして、音楽史・バレエ史を書き換えることになるコンビが誕生する。

ディアギレフがパリに創設したロシア・バレエ団のために、ストラヴィンスキーが最初に書いたのが一九一〇年の《火の鳥》。これが成功したので、翌年には《ペトルーシュカ》も発表された。ここまでは順調だった。二人は満を持して、《春の祭典》の初演に向かった。

振付は、ロシア・バレエ団の花形ダンサーだったニジンスキーが自分で行なうことになった。彼とディアギレフとは同性愛の愛人関係にあった。指揮は、二十世紀を代表する名指揮者のひとり、ピエール・モントゥー。

《春の祭典》は、複雑なリズムと不協和音に満ちている音楽である。音楽史のうえでは、現代音楽につながる重要な作品なのだが、それはこんにちの視点からのもの。当時としては、「わけの分からない音楽」と受け取られても仕方がない。

イーゴリ・ストラヴィンスキー

そういうわけで、初演が始まった直後から、客席がざわつき、「こんなのは音楽じゃない」「これこそ藝術だ」と客同士が論争しあったという。その客席には、当時のフランス音楽界の巨匠たち、ドビュッシー、ラヴェル、サン＝サーンスらもいた。そのひとり、サン＝サーンスは「楽器の使い方を知らない者の曲は聞きたくない」と言って、すぐに席を立ったという。実は、この混乱はラヴェルの支持者たちが仕掛けたとも言われている。人気が出てきた新進作曲家のストラヴィンスキーを潰《つぶ》すためである。一方、その陰謀を察知したディアギレフも、自分たちの味方をしろと何人もの学生を客席に入れ、反対派とやりあうように仕掛けていた。

大混乱のうちに初演が終わったことは、すぐに世界中に伝えられた。その場にいなかった人々は、いったいどれくらい「すごい」ものなのだろうと気になった。こうして、《春の祭典》は、話題性充分の作品になったのである。大混乱は「ヤラセ」だったのだ。翌年、演奏会形式（バレエなしで、音楽のみのコンサート）での再演は大成功を収め、その音楽は高く評価された。

ストラヴィンスキーはけっこう長生きし、一九七一年まで生きた。ロシア革命後は故国を離れ、アメリカに住んでいた。それとともに作風も異なり、バッハやヘンデルのような曲を書いて「新古典主義」と呼ばれ、宗教曲を書くなど、「前衛」だったのがウソみたいな変わりようだ。しかし、結局、音楽史に残り、また頻繁に演奏されているのは、初期の三つのバレエ、なかでも《春の祭典》である。

82 ポピュラー音楽

音楽史に「ポピュラー・ミュージック」なるものが登場する。

この言葉も定義が曖昧で、辞書によっては、「クラシック音楽以外の音楽」などとある。一方、クラシック音楽の定義にも、「ポピュラー音楽と民俗音楽以外の音楽」などとあり、わけが分からなくなる。「クラシック音楽」は「昔の音楽」だけではなく、現代の音楽のなかで、「ポピュラー音楽ではないもの」がクラシック音楽となることもある。冗談みたいな話だが、大手レコードショップの人から聞いた話では、新しいCDが店に届き、ロックでもポップスでもジャズでもなく、どこに分類していいのか分からないものがあると、クラシック売り場に置かれるそうだ。

さて、西洋音楽の源流は、キリスト教会、王侯貴族の宮廷、歌劇場などいくつかある。教会は布教のために音楽を必要とし、宮廷は儀式と娯楽のために必要とし、歌劇場も娯楽のためのものだった。やがて市民階級の台頭と出版技術の発展により、楽譜出版がビジネスとして確立する。しかし作曲家にとっては楽譜出版から得る収入は二次的なものだった。

だが、十九世紀の終わりになると、とくにアメリカで楽譜出版がビジネスとして大きくなり、「売ることを目的とした曲」が作られるようになる。そして出版社はその曲を売るためにプロモーションをかけて、大々的に宣伝する。この出版社と楽譜店の集まる界隈《かいわい》がニューヨークのティン・パン・アレイだった。二十世紀に入り、レコードと放送が産業化されると、ますます「売ることを目的とした音楽」は必要とされ、音楽産業は巨大ビジネスとなっていく。クラシック音楽もその波に乗るが、ビジネスとしての規模は小さい。稼ぎ頭となるのが、ポピュラー音楽だった。

初期のポピュラー音楽は、スピリチュアル、ミンストレル・ショー、ヴォードヴィル、そして南北戦争時の愛国歌などで、やがてジャズも加わる。

ガーシュウィンが活躍する一九二〇年代はレコードと放送が本格化する時期にあたり、アメリカの音楽産業は飛躍的に大きくなっていった。

83 ガーシュウィン（George Gershwin　一八九八〜一九三七）

イタリアで誕生した西洋音楽は、いよいよ大西洋を渡り、アメリカでも独自の発展をした。

アメリカ独自の音楽としては、まずネイティブ・アメリカンの民俗音楽があった。次に、奴隷として連れて来られた黒人の子孫たちが、西洋音楽と融合させて作ったジャズがある。二十世紀の始まる頃にジャズは生まれ、発展していった。そして戦後はロックン・ロールも生まれる。

これらは、まさにアメリカで生まれた音楽だが、それらとは別に、クラシック音楽の範疇《はんちゅう》としてのアメリカ音楽もある。

十九世紀末、経済力をつけてきたアメリカは、ヨーロッパの音楽家たちを巨額の報酬で連れてきて、演奏させ、音楽教育の基礎を作ってもらった。チェコのドヴォルザークもそのひとりだった。

このドヴォルザークに師事したわけではないが、小学生のときに彼の《ユーモレスク》を聴いて、「クラシック音楽」と出会ったのが、ジョージ・ガーシュウィンだ。

ジョージ・ガーシュウィン

ガーシュウィンはロシアからの移民の子として、一八九八年にニューヨークのブルックリンで生まれた。裕福とは言えない家庭だったが、父はジョージの兄アイラのためにピアノを買ってやった。しかしアイラは文学好きで音楽には興味がなく、そのピアノはもっぱら弟のジョージが弾くようになった。多少は専門家から個人指導を受けたらしいが、ほとんど独学だった。

ガーシュウィンは十五歳で高校を中退してしまい、ポピュラー・ミュージックの楽譜店街として知られるティン・パン・アレイで新作の宣伝ピアニストとして働くようになった。やがて、作詞家と組んでポピュラー・ソングを作るようになる。

最初のヒット曲がアーヴィング・シーザー作詞の《スワニー》だった。このヒットで人気作曲家となると、作詞家となっていた兄のアイラと組んで、多くの曲を作った。彼が兄アイラと組んで作った曲には《私の彼氏(The Man I Love)》《バット・ノット・フォー・ミー》《アイ・ガット・リズム》などがある。ガーシュウィンが書いたポピュラー・ソングは合計して五百ほどある。

そして、一九二四年、ガーシュウィンはクラシックの分野にも挑戦し、《ラプソディ・イン・ブルー》を書いた。オーケストレーションはまだ苦手だったので、専門家に手伝ってもらったが、この作品は「シンフォニック・ジャズ」と呼ばれ、ジャズとクラシックを融合させたとして評判になった。

この成功を受けて、独学でオーケストレーションを学んで作ったのが、一九二八年の《パリのアメリカ人》で、この曲はニューヨーク交響楽団からの依頼で作ったもので、大成功した。オーケストラのための作品は七曲、書いた。

さらに、ガーシュウィンは五十作のミュージカルを書くなどの舞台作品にも熱心に取り組んだ。一九三五年には黒人社会を描いた野心的なオペラ《ポーギーとベス》を書いた。いまでは名作となっているが、初演時は成功とは言えなかった。斬新《ざんしん》すぎたのである。しかし、このオペラのなかで歌われる《サマータイム》は人気が出て、スタンダードナンバーとなった。

やがてハリウッドの仕事もするようになり、多忙な日々を送った。だが、一九三七年に脳腫瘍《のうしゅよう》で倒れ、三十九歳になる三か月前の七月十一日に急死した。

84 エルガー (Sir Edward William Elgar 一八五七〜一九三四)

経済的・軍事的・政治的に世界を制覇したイギリスは、シェイクスピアをはじめ文学では大作家が数多くいるのに、十八世紀前半に活躍したドイツ生まれのヘンデル以後、大音楽家が現れない国だった。十八世紀後半から十九世紀は演奏は盛んだったが、作曲面では停滞していたのだ。実際には作曲家はいたし、途絶えることなく音楽が作られていたが、この時代にイギリスで作られ、いまもなお演奏されている曲はほとんどない。

しかし十九世紀末からイギリス音楽は復興する。「イギリス音楽ルネサンス」と呼ばれるほどで、その第一世代が、一八四八年生まれのヒューバート・パリーと、一八五二年生まれのチャールズ・スタンフォード、一八五七年生まれのエドワード・エルガーである。とくに《威風堂々》などで知られるエルガーによって、イギリス音楽は人気と質の両方で復興を遂げた。またパリーとスタンフォードは後進を育てたことでもイギリス音楽史に貢献している。

サー・エドワード・エルガーは一八五七年にイギリス、イングランドのウスター近郊で、楽器商の子として生まれた。父は楽器店を経営しながら教会のオルガニストも務めていた。当然のようにエルガーは幼い頃から音楽に親しんでいたが、専門的な音楽教育は受けられず、ピアノも作曲も独学だった。十六歳からヴァイオリンやピアノの教師となり、生計を立てながら、作曲していた。ピアノの生徒だったキャロライン・アリス・ロバーツと一八八九年に結婚した。アリスは陸軍少佐の娘で、作家として本も出し、エルガーより八歳年上だったので、親に反対されて勘当された。それでも二人は結婚し、アリスはエルガーのマネージャーとして支えていく。

一八九〇年代、地元の音楽祭のために作曲した《生命の光》《カラクタクス》などが注目され、一八九九年の《エニグマ変奏曲》（創作主題による変奏曲）でエルガーは一躍、広く知られるようになった。

一九〇一年、行進曲《威風堂々》第一番を作ると、メロディーの一部がイギリス国王エドワード七世のための「戴冠式頌歌《たいかんしきしょうか》」の《希望と栄光の国》に転用された。この曲はイギリスの第二の国歌とまで言われている。

エルガーの音楽は、「ドイツ音楽の伝統の枠組みのなかで、イギリス精神を描いた」と説明される。これだけでは何がイギリス精神なのかよく分からないが、イギリス人の琴線に触れる何かがあるのだろう。その後、エルガーは交響曲を三曲、ヴァイオリン協奏曲、チェロ協奏曲、《ゲロンティアスの夢》などの合唱曲や室内楽曲、歌曲も書いたが、オペラは手がけなかった。《愛のあいさつ》は妻との結婚記念のために一八八八年に書いた曲だ。

この最愛の妻にして有能なマネージャーだったアリスが一九二〇年に亡くなると、以後エルガーは目立った作品は書かなかった。

イギリス音楽再興の功績が認められ、一九〇四年にナイト、三一年には准男爵に叙され、三四年に亡くなった。

85 レコード

レコードを発明したのは、あのエジソン。一八七七年のことである。最初に録音されたのは、エジソン自身が歌う《メリーさんのひつじ》。つまり、レコードはその第一号から、音楽を録音したのである。エジソンはこれを「フォノグラフ」と命名した。だが、これはあくまで実験段階のもの。エジソンは、さっそく商品化に向けてエジソン・スピーキング・フォノグラフ社を一八七八年に設立したが、成果が上がらず、この事業から撤退してしまう。エジソンはその頃には白熱電球の研究のほうに夢中になっていたのだ。そこで、グラハム・ベルが興した電話会社ベル研究所のチチェスター・ベルとサムナー・ティンターの二人が、後を継ぐことになった。

一八八六年、ベルとティンターはアメリカン・グラフォフォン社を設立し、一八八七年には「グラフォフォン」の名で製品化した。

こうなるとエジソンも黙っているわけにいかず、一八八七年からフォノグラフの改良に取り組み、一八八八年にエジソン・フォノグラフ社を発足させた。シリンダー方式の蓄音機市場がここに始まるのである。

最初に演奏を録音した職業音楽家は、ブラームスである。一八八九年にウィーンで自作の《ハンガリー舞曲第一番》を演奏して録音したのだ。さらに、「こんにちは、エジソン博士。こちらはブラームス博士です」という声まで録音されて残っている。

ブラームスは、再生音を聞いた上で、クララ・シューマンに「これからはフォノグラフの時代である」と手紙に書いている。

同じ頃、十二歳の天才ピアニストのヨーゼフ・ホフマンと、指揮者のハンス・フォン・ビューローも、エジソンの研究所でそれぞれピアノを弾いて録音している。しかし、これは現存していない。

86 ソ連の音楽

ハイドンに始まりベートーヴェンが完成させた交響曲という形式の音楽は、ドイツ・オーストリアでは、マーラーを最後に、とりあえずその歴史を終える。二十世紀に入ると、そういう形式に囚《とら》われた音楽は、あまり作曲されなくなるのである。

ところが、ソ連だけは違った。十五曲の交響曲を作ったショスタコーヴィチをはじめ、多くの作曲家が交響曲を作り続けていたのである。

文化というものは、中心から辺境へと広がり、中心での流行が終わった頃に辺境では流行する。タイムラグがあるのだ。二十世紀のソ連で交響曲が流行したのには、そういう理由もある。

だが、それ以上に大きな理由は、金である。社会主義国であるソ連では国家が藝術家を保護していたため、「売れる」ことを考えずに、作曲家たちが交響曲に取り組めたという側面もある。資本主義国では、作曲家が交響曲を書いても演奏してもらえなければ、収入にならない。そして、新作の交響曲などというリスクの大きい興行に踏み切れるオーケストラはないのである。

ニコライ・ミャスコフスキー（一八八一〜一九五〇）はショスタコーヴィチよりもはるかに多い、二十七の交響曲を書いたことで知られる。他にも《剣の舞》のアラム・ハチャトゥリアン（一九〇三〜七八）などが知られる。

自由がないという点で問題の大きかった社会主義体制ではあったが、クラシックという、採算性の低い藝術においては、国家がパトロンの役割を果たしてくれたという点での功績は大きい。

作曲家だけではなかった。優秀な子どもがいれば、それを一流の音楽家に育てるシステムもソ連時代には完備されていた。こうしてピアニストのスヴャトスラフ・リヒテル、エミール・ギレリス、ヴラディーミル・アシュケナージ、ヴァイオリニストのダヴィッド・オイストラフ、レオニード・コーガン、チェリストのムスティスラフ・ロストロポーヴィチら世界的演奏家が多数輩出したのである。西側では比較的裕福な家の子しか、子どもの頃からピアノやヴァイオリンを習えなかったので、もしかしたら、多くの才能が埋もれていたかもしれない。スポーツにおいても、オリンピックでソ連の選手が大活躍したように、クラシック音楽においても、ソ連の音楽家は大活躍していたのである。

だがそういう優秀な音楽家の多くは西側でも人気が出ると、亡命してしまった。

そのソ連も共産党政権が崩壊し、なくなった。ロシアから今後、新しい交響曲作曲家や偉大な演奏家が生まれるのだろうか。

87 ショスタコーヴィチ (Dmitry Shostakovich 一九〇六〜七五)

ソビエト時代を代表するロシアの作曲家がショスタコーヴィチである。

ドミトリー・ショスタコーヴィチは一九〇六年、ペテルブルク(かつてはペトログラード、レニングラードとも、現在はサンクト・ペテルブルク)に生まれた。父は技師、母はピアニストを志していたが結婚によって断念したという人。幼い頃から音楽の才能を発揮し、九歳で作曲を始めている。

ショスタコーヴィチはソ連が誇る大作曲家として亡くなったが、その若い頃には、あやうく反体制藝術家として粛清されるところだった。

最もよく知られているのは、一九三四年に初演されたオペラ《ムツェンスク郡のマクベス夫人》がスターリンの逆鱗《げきりん》に触れた事件である。全体主義の国では最高権力者に嫌われると生きていけない。一九三六年一月二十六日、スターリンは側近たちとともに、評判になっているオペラ《ムツェンスク郡のマクベス夫人》を観に行った。ところが途中で席を立ってしまった。気に入らなかったのだ。一月二十八日、ソビエト共産党機関紙「プラウダ」は、このオペラを全面否定する論文を掲載した。初演から二年近く何の問題もないとされ、多くの観客がすでに観て絶賛していたのに、スターリンが途中で退席しただけで、ソビエトでは上演禁止になってしまった。

そればかりか、ショスタコーヴィチの音楽家生命も風前の灯《ともしび》となった。もう作曲家として生きていけないかもしれない。それどころか、反政府的人物として逮捕されるかもしれないという事態に発展したのだ。ところが、ショスタコーヴィチは反省していると自己批判し、どうにか生き延びたのである。

これはよく知られている事件である。では、実際のところ、ショスタコーヴィチにはどの程度の「生命の危機」が迫っていたのだろうか。ショスタコーヴィチの支援者のひとりに、ソビエト赤軍の高官であるトゥハチェフスキー元帥がいた。この元帥が一九三七年五月下旬にスターリン暗殺計画を企てたとして逮捕され、その翌日に処刑されてしまった。昨日までは「赤軍の英雄」だった人物が、一夜にして国家の敵として殺されてしまったのだ。こんなことは一九三〇年代のソ連ではよくある話だった。スターリンは、自分よりも有能な人物をことごとく粛清していったの

ショスタコーヴィチ

だ。いつ自分の敵になるか分からないからである。

トゥハチェフスキーの交友関係のなかにショスタコーヴィチがいることを知った当局は、ショスタコーヴィチも警察に呼び尋問した。ショスタコーヴィチは元帥と交友関係にあることは認めたが、暗殺計画については何も知らないと答えた。「また後日来るように」と言われ、その日の尋問は終わった。

ショスタコーヴィチは逮捕され、死刑になることを覚悟した。ところが、指定された日に再び警察に行ってみると、尋問した係官がいなかった。その係官もまた、何らかの理由で逮捕されてしまったのである。ショスタコーヴィチは「帰ってよい」と言われた。

助かりはしたものの、この国ではスターリン以外は誰ひとりとして「安全」ではないことを、ショスタコーヴィチはまざまざと思い知ったのである。

その事件から数か月後、ショスタコーヴィチはいかにも当局が喜びそうな交響曲として第五番を完成させた。目論見《もくろみ》どおり、この曲は当局にも大絶賛され、人々からも熱狂的に迎えられた。

こうして、ショスタコーヴィチは人生最大の危機を乗り越えたのである。

その後もショスタコーヴィチは当局とは緊張関係が生じることがあったものの、共産党にも入党し、さらにはソ連邦最高会議代議員（国会議員）にもなり、ソビエト国家の英雄として、一九七五年にその生涯を終えた。ピアニストとして自作曲を多く録音している。

88 ブリテン（Edward Benjamin Britten　一九一三〜七六）

十九世後半のイギリス音楽ルネサンスを経て、ベンジャミン・ブリテンが登場し、ようやく「イギリスで生まれた世界的なイギリス人音楽家」としての名声を得た。また十七世紀のパーセル以来の「イギリスのオペラ作曲家」でもある。

ブリテンは一九一三年に歯科医の父、アマチュア声楽家の母のあいだに生まれた。彼もまた幼い頃から音楽の才能が見出《みいだ》され、七歳でピアノ曲を作曲、十六歳でロンドン王立音楽カレッジへ入り、作曲とピアノを学んだ。在学中からピアノ曲、室内楽曲、交響曲を発表した。

ブリテンは写真を見れば分かるが、音楽史上最もハンサムな音楽家である。さぞかし女性にもてただろうと誰もが思う。実際、もてたのかもしれないが、彼は同性愛者だった。

音楽家にかぎらず藝術家には同性愛者が多いが、西洋では二十世紀になるまで同性愛はタブーだったので、それを公言できる人は少なかった。だが、ブリテンの場合はテノール歌手ピーター・ピアーズ（当然、男性）を公然とパートナーとしていた。ブリテンを紹介する際、ピアーズを「友人」とごまかしている資料もあるが、二人は「夫婦」の関係にあった。ブリテンが作る声楽曲はピアーズが歌う前提のものが多い。代表作であるオペラ《ピーター・グライムズ》もそのひとつだ。

ブリテン

《ピーター・グライムズ》は一九四五年六月に初演された「戦後初のオペラ」でもある。当時、日本はまだ戦争をしていたが、ドイツは五月に降伏しヨーロッパは終戦を迎えていたのだ。いまや二十世紀に書かれたオペラの最高傑作として、歌劇場のレパートリーとなっている。イギリス東海岸の漁村を舞台にしたもので、共同体から疎外された男の孤独が描かれている、シリアスな作品だ。

神話や歴史劇、あるいは男女の恋愛ドラマを描いてきたオペラは、二十世紀になると、おかしくもなければ楽しくもないし、といって、涙なしではみられないメロドラマでもない、重い社会的テーマを扱うようになっていた。

ブリテンは反戦主義者で、第二次世界大戦での兵役を拒否してアメリカへ渡った。《戦争レクイエム》は平和への願いがこめられたもので、「レクイエム」となっているが、教会音楽とは一線を画している。

《青少年のための管弦楽入門》はタイトル通りの曲で、オーケストラのそれぞれの楽器がどんな音なのかを紹介しつつ、楽しめる音楽として、かつては子ども向けの曲として人気があったが、いまはどうなのだろう。

反戦主義者、同性愛者という立場は、保守的なイギリスにおいてはけっしてプラスではなかった。しかし、ブリテンには「異端の反逆者」のイメージもない。音楽も、前衛的な部分もあるが、従来のクラシックの枠組みに収まっている。

89　メシアン（Olivier-Eugène-Prosper-Charles Messiaen　一九〇八〜九二）

音楽が作曲される「場」は、基本的には作曲家の書斎というか仕事場である。モーツァルトのように、旅先で仕事をする機会が多かった人もいるが、その場合も宿が仕事場となったにすぎない。

しかし、二十世紀のフランスの作曲家、メシアンの代表作《世の終わりのための四重奏曲》は、ナチスの収容所で作曲された。王侯貴族の宮廷や教会で作曲・演奏されていた音楽は、二十世紀半ばにおいて、収容所で作曲・演奏されるようになったのだ。これもまた、ひとつの「進化」なのだろうか。

ナチスの収容所といっても、ユダヤ人を虐殺するためのアウシュビッツのような絶滅収容所ではない。フランス軍兵士のための捕虜収容所だったので、比較的自由はあった。とはいえ、明日はどうなるか分からない、囚《とら》われの身であったのは間違いない。

メシアンは一九〇八年に英語教師の父と詩人の母とのあいだに生まれた。父はシェイクスピアの翻訳もしており、文学的な環境で育ったことになる。神秘的なものに興味を抱き、熱心なカトリック教徒になった。これらが二十世紀の作曲家としては珍しい、カトリックの宗教音楽を数多く作曲するベースとなった。

音楽の才能も幼い頃から見出され、十一歳でパリ音楽院へ入学した。作曲家、ピアノとオルガンの演奏家としてだけでなく、音楽史、音楽理論も学び、多くの著作がある。さらには鳥類学者としても業績があり、その音楽には鳥の声が取り入れられている。

　第一次世界大戦と第二次世界大戦では、多くの音楽家が兵士として前線で戦った。それが国家総力戦というものだった。軍楽隊に入るのはいいほうで、多くの音楽家が前線で銃を手にして戦った。藝術家であろうが、国家のために戦わなければならないのだ。そして彼らは、それを当然のことと受け止め、前線で戦った。メシアンも一九三九年八月から軍に入り、一年後の四〇年夏にドイツ軍に捕らえられ、シュレージエン地方の収容所に入れられた。

　この収容所でメシアンは三人の音楽家と出会った。エチエンヌ・パスキエというチェロ奏者、アンリ・アコカというクラリネット奏者、そしてジャン・ル・ブーレールというヴァイオリン奏者である。メシアンはピアノを弾く。かくして、ピアノ、ヴァイオリン、チェロ、クラリネットのための四重奏曲が誕生する──メシアンが聖書の「ヨハネの黙示録」のイメージを曲にした、《世の終わりのための四重奏曲》である。

メシアン

　収容所の責任者は音楽に理解があり、作曲だけでなく演奏も許された。こうして収容所で作られた《世の終わりのための四重奏曲》は、一九四一年一月十五日に収容所で初演されたのである。極寒で、楽器もけっしていい状態ではなく、捕虜たちのすべてが音楽好きだったわけではないが、この演奏会は成功した。他に娯楽がないこともあってか、捕虜たちは熱心に聴いたのだ。

メシアンは二月には解放され、パリへ戻った。収容所での四重奏団は解散となり、四人が再び揃うことは二度となかった。

戦後、メシアンはフランスを代表する音楽家として活躍した。他に、《トゥーランガリラ交響曲》などが有名だ。

90 ピアソラ（Astor Piazzolla　一九二一～九二）

南米、アルゼンチンのタンゴ・ミュージシャンであるピアソラを「クラシック」というくくりのなかに入れていいのか、異論もあるかもしれないが、彼の音楽は「クラシック」として演奏され、CDショップでもクラシックのコーナーにも置いてある。

ピアソラはアルゼンチンのタンゴに、最初はジャズ、やがてはクラシックの要素を融合させ、独自の音楽世界を築いた音楽家だ。バンドネオン奏者であり、自分の楽団のために多くの曲を作った。十九世紀後半からクラシック音楽は「作曲者」と「演奏者」とが分離していったが、ピアソラは演奏家であり作曲家でもあった。

タンゴとジャズやクラシックを融合させたことで、ピアソラはタンゴの世界からは批判された。タンゴは、踊るための音楽だ。ところが、ピアソラのタンゴは「聴くための音楽」なので、「踊れないタンゴ」だと批判されたのだ。といって、保守的なクラシックの世界からは、「あれはタンゴだ」と蔑視《べっし》され、なかなか認められなかった。

ピアソラは、一九二一年にアルゼンチンにイタリア系移民の子として生まれた。アルゼンチンにかぎらず、南アメリカにはヨーロッパから多くの人々が移民してきた。人々が移動すれば、音楽もそれと一緒に伝わっていく。かくして南米大陸にはヨーロッパの各民族の民俗音楽が伝わり、さまざまな音楽と混ざって発展していった。

ピアソラ

アルゼンチン・タンゴの起源はスペインのフラメンコとキューバのハバネラにあるとされているが、アフリカ系の音楽から発展したとの説もある。バンドネオンで演奏されるのが特徴のひとつだ。

アルゼンチンは二十世紀前半には南米で最も経済的に成功し、ヨーロッパのクラシック音楽の演奏家たちを高額の出演料で招聘《しょうへい》する音楽消費大国となっていた。

ヨーロッパの音楽家たちは、北半球がシーズンオフになる夏には、季節が逆になる南半球に出稼ぎに行き、稼いでいたのだ。もちろん、それ以外の季節にも演奏旅行をしていた音楽家も多い。

ピアソラは、父の仕事の都合で少年時代をニューヨークで過ごした。そんなこともあり、アルゼンチンの音楽に子どもの頃からどっぷりと浸《つ》かっていたわけではなく、いわば外からタンゴを聴くことができた。一家がアルゼンチンに戻ってから、タンゴに接し、その音楽に魅せられる。タンゴの楽団に加わり、バンドネオンを学び、ミュージシャンとして活躍、やがて自分の楽団を率いるようになった。アルゼンチンの作曲家アルベルト・ヒナステラや、フランスのパリへ行きナディア・ブーランジェに師事し、クラシックの音楽家を目指した時期もある。

一九五五年にフランスから帰国後、エレキギターを取り入れたブエノスアイレス八重奏団を結成し、前衛的なタンゴを創作した。保守的なタンゴ・ファンからはバッシングされ、興行的にも失敗した。そこでニューヨークへ行き、稼ぐために歌手の伴奏の仕事をしながら、実験的な、ジャズとタンゴを融合させた音楽を作っていく。

一九六〇年代に入るとアルゼンチンへ戻り、五重奏団、八重奏団、九重奏団、六重奏団など、さまざまな形態の楽団の結成と解散を繰り返し、独自の音楽を確立した。

そして、ヴァイオリン協奏曲に編曲され、クラシック音楽のレパートリーにもなった《ブエノスアイレスの四季》などが作られた。

ピアソラの音楽は、自分の楽団で演奏するために作られたのだが、その死後は、さまざまなミュージシャンによって演奏されている。しかし、アルゼンチンに、ピアソラの後継者といえるような作曲家は生まれていない。ピアソラの音楽はあまりに独創的で、誰も真似できず、継承もできないのだ。

91 現代音楽

よく、「現代音楽はもう古い」と言われる。現代が古い、とはどういう意味なのだろうか。

まず、勘違いされやすいのだが、「現代の音楽」と「現代音楽」とは違うのである。「現代の音楽」にはロックとか、ポップス、もちろん日本のJポップもみな含まれる。

それに対し、「現代音楽」とは、いわゆるクラシック音楽のなかで、第二次世界大戦以後の、一九五〇年代から六〇年代にかけての、当時「前衛」とされた音楽を指す場合が多い。そこではメロディーや調性やリズムが否定され、何がなんだか分からない音楽（ときには、音楽とは呼べそうもないものもあった）が奏でられていた。

つまり、現代音楽とは、それまでの音楽を否定し、「これが現代の音楽だ」と主張するものだった。実験的なものも多いし、電気楽器を導入するなど、新しい試みもあった。

しかし、所詮《しょせん》は実験である。一部のマニアには受けたが、大衆性はまったくなかった。作曲家にはコンサートやレコードからの印税収入は期待できないので、奇特なスポンサーでもいなければ、やっていけず、結局は廃れた。経済的な理由もあったが、奇抜なことばかり追い求めていかなければならないので、藝術的にも行き詰まったのである。

こうして、「現代音楽はもう古い」ということになった。

現代音楽の始まりは、前述のように第二次世界大戦後とされる。そして、終わりは、いまのところない。つまり大雑把にいって二十世紀後半に、新しく作曲されたクラシック音楽は現代音楽といっていい。だが、クラシックのなかでも、ロシア（当時のソ連）のショスタコーヴィチのように、古典派・ロマン派の様式のなかで作曲した人物もいる。この時代のすべての作品を現代音楽とすることもできない。

92 ケージ (John Milton Cage Jr.　一九一二〜九二)

二十世紀後半に時代の最先端だった「前衛音楽」も、いまや古くなってしまった。その前衛音楽を代表するのが、ジョン・ケージである。

ケージの最も有名な作品は一九五二年の《四分三十三秒》だ。この「曲」は、ステージにいる演奏者が、四分三十三秒の間、まったく楽器を弾かず、沈黙するというもの。しかし、コンサートホールにはさまざまなノイズがある。聴衆がちょっと動いても衣擦《きぬず》れの音がするし、呼吸の音もある。それらは音楽が鳴り響いているときは聞こえないが、誰も何も演奏せず、それでいて客席の誰もが黙っていると、聞こえてくる。そうしたノイズを意識させることが、ケージの狙いだったとされる。アイデアの勝利ではある。だが、これがはたして音楽と言えるのか。当然のことながら「ふざけている」と怒る人がいた。だが、画期的だと絶賛する者もいた。

ケージは一九一二年にアメリカのロサンゼルスに生まれた。父は発明家、母方の叔《お》母《ば》と叔父には音楽家がいるという環境だ。この音楽家の叔母からピアノを習うことで、彼の音楽家人生は始まった。

だが、ケージは音楽以外にたくさんのことに興味を抱く少年だった。建築、絵画、そして文学にも関心があり、後にはキノコの研究家としても知られるようになる。

ケージ

クレアモントのポモナ・カレッジに入学したが、勉強に興味がなくなり、作家になろうとしてパリへ渡る。だが、パリでは建築家に師事して建築を学び、その後、やっぱり音楽だとなって、アメリカへ戻った。そして、ナチス・ドイツから逃れてアメリカに亡命していたシェーンベルクに師事して、対位法と楽曲分析を学んだ。だが、ケージには「和声学」が理解できず、二人の師弟関係は終わった。
シェーンベルクは「調性の破壊」という音楽の革命を成し遂げた人だ。その弟子となったケージは、その革命をさらに推し進めていく。これまでの音楽の常識というか枠組みを超えたものを作っていくのだ。
ケージが到達したのは、「偶発性の音楽」だった。そこでは、「作曲者」は神のような創造者ではなくなっている。《易の音楽》では、テンポ、音の種類、強弱、長短などの音楽の要素を表にして、三枚のコインを投げて、どの値を用いて演奏するかを決めていく。つまり、どんな曲になるのか、やってみなければ分からない。

オルガン曲《As Slow as Possible（できるだけ遅く）》は《ASLSP》と略され、とにかくゆっくり演奏することが求められている曲だ。ドイツのハルパーシュタットにある教会で、二〇〇一年に演奏が始まり、二六四〇年に終わる予定となっている。人間がずっと演奏するわけにはいかないので、一日二十四時間ずっと自動演奏が続いていて、年に一回か二回、音が変わるのだという。

こういうアイデア勝負のような曲だけではなく、普通に聞ける（という言い方もおかしいが）音楽も書いており、二十世紀音楽での重要な作曲家だ。

93 マリア・カラス（Maria Callas　一九二三〜七七）

ＢＣと記せば、西暦の「紀元前」（Before Christ）のことだが、オペラにおいては「Before Callas」つまり「マリア・カラス以前」という意味になる。キリストに匹敵するくらい、カラスの存在は大きい。カラスを「二十世紀最高のソプラノ歌手」とすることに異論を唱える人は、まずいない。それほど大きな存在だが、彼女の全盛期は一九五〇年代の十年ほどにすぎない。その声も、歴代のソプラノ歌手のなかで最高の、「美声」とは、誰も思わない。きれいな声やもっと高い声の出る歌手なら、他にいくらでもいる。だが、彼女こそが「二十世紀最高のソプラノ歌手」であり、オペラの歴史を「カラス以前」「カラス以後」と区別できるほどの革命家だった。いったい、カラスのどこがどう新しく、そしてオペラの歴史を変えるほどの革新があったのか。

マリア・カラスはギリシャ系移民の子として一九二三年にニューヨークで生まれた。一九三六年にギリシャに渡り、アテネの音楽院で声楽を学んだ。歌劇場へのデビューは一九三八年だが、最初はいい役をもらえなかった。その理由は、容姿にあった。太っていたのだ。

それまでのオペラ歌手は男も女も太っているのが当たり前だった。お腹が大きいほうがいい音が出るという、嘘か本当か分からない説が横行しており、有名歌手は高額の出演料をもらえるので美食に走り、まるまると太っていた。テノールとソプラノが抱き合うシーンで、お腹が邪魔して抱き合えなかったという笑い話があるほどだ。

カラスも、最初は太っていたのだが、このままでは役がもらえないと、一念発起し、一説によるとサナダムシを体内に入れることでダイエットをして、スリムになった。

その甲斐《かい》あって、一九四七年に主役をつかみ、一九五〇年にミラノのスカラ座でヴェルディの《アイーダ》の主役を歌い、不動の人気を得た。

ダイエット以後のカラスは、もともと美人だったのだろう、女優としても通用する美貌《びぼう》のソプラノとなった。そればかりか、舞台では迫真の演技を見せ、いい声が出るだけの歌手とはまったく異なる存在となった。

オペラ歌手は声が命である。したがって、高く大きな声が出れば、容姿はそれほど重視されなかったし、まして演技を問われることもなかった。オペラは演劇ではあったが、ストレート・プレイほどの演技力は必要とされず、ただ立って歌っているだけだったのだ。

マリア・カラス

だが、二十世紀後半になると、演出面でも革命が起きた。スカラ座には映画監督でもあったルキノ・ヴィスコンティが演出家として乗り込み、舞台装置を一新し、リアルな演劇としてのオペラを作り始めた。カラスはそうした風潮に、見事に一致したのだ。

「容姿」と「演技力」とを兼ね備えたオペラ歌手の出現は、まさに革命だった。

では、カラスの声はたいしたことはなかったのか。誰もが、その声を「美声」とは認めない。だが、誰もが魅力のある声だと認める。

カラスは容姿と身体だけでなく、声でも人間の内面を表現できたのだ。これが、カラスの真の革命であり、だからこそ、声だけのレコードでもカラスの魅力は伝わり、いまなお聴かれている。LPレコードの勃興《ぼっこう》期にあたったので、EMIと専属契約を結んだカラスは、名作オペラのほとんどを録音した。

しかし、その絶頂は十年ほどで終わる。父親ほど年齢の離れた夫がマネージャーも務めていたが、ギリシャの大富豪オナシスとの不倫の恋に落ちて離婚。そのオナシスと結婚寸前までいったが、突然、オナシスがケネディ大統領の未亡人であるジャックリーンと結婚したので失恋した。

このように実生活でもドラマチックだったが、結局、その失恋から立ち直れず、睡眠薬などにたよるようになり、一九七七年に五十三歳で孤独の中で亡くなった。

94 グールド（Glenn Herbert Gould 一九三二〜八二）

レコードの発明により、コンサートがなくなると信じ、その先駆者となるべくコンサートからの引退を宣言したピアニストが、カナダのグレン・グールドである。一九八二年に五十歳で亡くなったが、いまなおカルト的人気を誇り、そのCDはよく売れている。

グールドは一九三二年にカナダのトロントで毛皮の製造と販売を営む父と声楽教師の母のあいだに生まれた。母は彼が胎内にいるときから音楽家にしようと考えていた。その母が望んだ通り、音楽の才能のある子として生まれ、幼い頃から神童ぶりを発揮したが、両親は彼の興行で稼ごうとはしなかった。

公の場での最初の演奏は、一九四五年、十三歳の年にオルガン奏者としてデビューして、翌四六年、プロのピアニストとしてトロント交響楽団のコンサートに出た。ここから天才少年としての演奏家活動が始まる。しかし、当初はその活動はカナダ国内に留《とど》まり、世界的には無名だった。グールドの名を世界的なものにしたのは、レコードである。一九五〇年代に入ると、LPが実用化されてくる。このLPという新しいメディアに乗って、グールドは有名になっていくのだ。一九五六年にコロムビア・レコード（現ソニー・クラシカル）から発売されたバッハの《ゴルトベルク変奏曲》はかつてない斬新《ざんしん》なバッハ演奏として話題になった。

グールド

夏でもコートにマフラーに手袋という異様な服装で、その変人ぶりも意図的に流され、グールドはジェームズ・ディーンやプレスリーといった一九五〇年代の「怒れる若者」のひとりとしても人気が出た。一九五七年には戦後初めてソ連で演奏した北米大陸のピアニストとなる。このソ連ツアーをはじめ、世界各地をツアーでまわり、世界的ピアニストとしての生活が始まった。

しかし一九六四年のシカゴでのリサイタルを最後に、コンサート活動から引退した。演奏家が何よりも求めるはずの客席からの拍手喝采《かっさい》を彼は拒否した。演奏中の衣擦《きぬず》れや咳《せき》といったノイズを我慢することに耐えられず、引退したのだ。あらかじめ「これが最後のコンサート」と予告したわけではないので、華々しい「さよなら公演」があったわけでもない。以後はスタジオにこもり、レコードとラジオ、テレビを通しての音楽活動を続け、一九八一年に《ゴルトベルク変奏曲》を再録音したが、翌一九八二年に脳卒中で亡くなったのだ。

「どんなに優秀な録音もコンサートでのナマの演奏には敵《かな》わない」とよく言われるが、グールドはその考えを否定した。コンサートは音楽を鑑賞するのに最悪の環境だと、彼は言った。たしかに、演奏者の体調もそのときになってみないと分からないわけだから、コンサートは聴くほうにとってもリスクがある。ホールのどの席で聴くかによっても音の響き方は異なる。理屈のうえでは、レコードのほうが安定度は高い。

もちろん、コンサートと録音の二者択一をするのではなく、両方を楽しめばいいのだが、ある意味で潔癖なグールドは、コンサートを捨ててレコーディングを選んだ。「編集」の魅力に取り憑《つ》かれてもいたのだ。

ちょうど同じ頃、ビートルズもコンサート活動を止めて、スタジオでのセッションで曲を作っていくことに活路を見出《みいだ》していた。レコードというものが、単に「演奏されたものを記録し、大量に複製する」ものではなく、録音により新たな創造物ができあがることを、ビートルズとグールドは示したのだ。

この異端のピアニストは演奏でも異色だった。最も熱心に取り組んだのはバッハという大昔の音楽だったが、それを斬新な解釈で現代に蘇《よみがえ》らせた。一方でショパンやリストにはほとんど関心を寄せず、若い頃を除けば、ほとんど演奏しなかった。

レコードがあればコンサートはなくなるとの予言は、ネット社会になると逆転し、いまやＣＤはなくなりそうだが、ライブ・コンサートはますます隆盛だ。

95 カラヤン（Herbert von Karajan 一九〇八〜八九）

カラヤンは二十世紀が始まって八年目に生まれ、二十世紀が終わる十一年前に亡くなった、まさに二十世紀を代表する音楽家だ。「カラヤン」は、一九七〇年代の日本では「クラシックの代名詞」でもあった。

カラヤンは一九〇八年に、モーツァルトの生地であるザルツブルクに生まれた。父は医師で州立病院の外科部長を務めアマチュアのクラリネット奏者でもあった。カラヤンは三歳からピアノを習い始め、四歳の年に初めて人前で弾いている。「神童」だった。ウィーン国立音楽アカデミー（現・ウィーン国立音楽大学）でピアノを学んでいた。このように当初はピアニストを目指していたのだが、教師から指揮者が向いていると言われ、転向した。

指揮者としての公式デビューは一九二九年、二十一歳の年で、これがきっかけでドイツの古い都市ウルムの歌劇場の指揮者となる。その後、アーヘンの歌劇場の指揮者となりドイツで若手指揮者として注目されていく。このカラヤンの出世の時期とヒトラーが政権を取る時期とが重なった。一九三三年一月にナチが政権を取り、その翌年にカラヤンはアーヘンの市立劇場の指揮者になった。

　このカラヤンの前に立ちはだかるのが、巨匠ヴィルヘルム・フルトヴェングラーである。彼はカラヤンとは父子ほど年齢差があったが、カラヤンを脅威に感じたのか、妨害する。カラヤンはナチ党員だったが、ヒトラーに嫌われ、ドイツ音楽界で干されてしまった。このことが戦後は有利に働いた。自分はヒトラーに嫌われていたと主張でき、復権できた。フルトヴェングラーはナチを支持してはいなかったが、外からみると、ナチの宣伝塔となっていたので、戦後、糾弾された。それでも彼も復権できた。

　一九五四年にフルトヴェングラーが亡くなると、カラヤンがその後任としてベルリン・フィルハーモニーの指揮者となった。さらに、ウィーン国立歌劇場という世界最高の歌劇場、そしてザルツブルク音楽祭という世界最高の音楽祭の、それぞれ監督というポストに就き、全権を掌握したのである。このポストに就いたことで、それぞれに客演する指揮者、ソリストたちの人事権をカラヤンは握った。レコードでもドイツ・グラモフォン、EMI、英国デッカの三大レーベルを競わせて、

カラヤン

自分のレパートリーを録音させた。生涯に、CDにして五百枚前後を録音した。カラヤンは、クラシック音楽が商業化していく波にうまく乗った。コンサートだけが収入源だった演奏家は、レコードと放送という新たな収入源を得て、さらに飛行機を使えば世界中で公演できるようになった。カラヤンはそのすべてを利用したのである。

商業面での成功があまりにも大きいため、カラヤンを「商売人」と批判・軽蔑《けいべつ》する者も多いが、その音楽を評価する人も多い。同世代の他の演奏家のCDが売れなくなっても、いまだに売れ続けているのは、そこに普遍的な美があるからだ。その美は、「表面的なだけ」「底が浅い」「あざとい」とも批判されたが、これだけ表面的に美しい音楽を造形できた指揮者は他にいない。それとも、美しくない音楽のほうがいい、と言うのか。

「精神性」という、わけの分からないものをありがたがる人には、カラヤンは評判が悪い。カラヤンを批判すれば、自分は音楽がよく分かっていると思い込んでいる人も多い。

カラヤンはレパートリーも広かったが、基本となるのは、ベートーヴェン、ブラームス、ブルックナー、そしてチャイコフスキーのシンフォニーであり、オペラではワーグナーとヴェルディだった。二十世紀の音楽はあまり手がけなかったが、数少ないなかでも、マーラーやシェーンベルク、ショスタコーヴィチは名演が遺《のこ》されている。

96 古楽

二十世紀の終わりにクラシック音楽業界に登場したキーワードが「古楽器」だ。「オリジナル楽器」（改良される前という意味）、「ピリオド楽器」（ピリオドとは「時代」という意味で、その当時の楽器という意味）ともいう。

楽器というのは、どんどん改良されて現在に至っている。したがって、たとえば、二百年以上前のモーツァルトの時代と現在とでは、楽器の質が異なり、当然、音質も異なる。さらには同じ楽器でも演奏法も今と昔とでは異なる。それを、作曲された当時の楽器で当時の奏法で演奏すべきではないか、という運動が、第二次世界大戦後に起こるのである。

楽器だけではない。楽譜についても、作曲者自身が書いた状態のものにさかのぼるべきだとされた。というのも、ロマン派の時代、当時の演奏家たちは自分が思うようにかなり手を加えて演奏していたのである。なかには「編曲」に近いものもある。それを、オリジナルに戻せ、という運動でもあった。

この古楽運動の提唱者で最も有名なのが、オーストリアの指揮者、ニコラウス・アーノンクール（一九二九〜二〇一六）。一九五〇年代後半から古楽器の楽団を結成し、活動していた。最初は異端視されていたが、現在ではクラシック音楽界の主流になりつつある。ウィーン・コンツェントゥス・ムジクスはアーノンクールが結成した古楽器で演奏する楽団である。

アーノンクールが最も苦労したのは、当時の楽器を探すことだった。ヨーロッパの古い教会や貴族の家の倉庫などに埋もれているものを見つけだし、使えるように修理し、レプリカを作って、当時の音の再現に努めたのである。

このように古楽器演奏がクラシック音楽界で大きな存在になってくると、それ以外の現代の普通の楽器のことを、あえて「モダン楽器」と呼ぶようになった。

やがてアーノンクールは、モダン楽器で演奏するベルリン・フィルやウィーン・フィルのようなオーケストラにも客演するようになった。そういうオーケストラでは、楽器はモダン楽器だが、古楽的な奏法で演奏するように求めている。

モダン楽器の音に慣れている耳には古楽奏法は新鮮に聞こえ、戸惑う人もいたが、高く評価する声も多い。逆に、古楽が珍しくなくなった現在のほうが、どうやって聴衆の関心と支持をとりつけるか難しくなっている。

97 バーンスタイン（Leonard Bernstein 一九一八～九〇）

アメリカで最も長い歴史を持つオーケストラ、ニューヨーク・フィルハーモニック（一八四二年設立）に、アメリカで生まれたアメリカ人の音楽家が初めて音楽監督として就任したのは、一九五八年十一月のことだった。実に百年以上にわたり、このオーケストラはヨーロッパの指揮者を招聘《しょうへい》して指揮してもらっていたのである。

この初のアメリカ人音楽監督こそが、レナード・バーンスタインだった。

バーンスタインがニューヨーク・フィルハーモニックの音楽監督になると発表されたのは就任の一年前の一九五七年秋だが、このとき、彼はもうひとつの音楽ジャンルで頂点に達していた。ブロードウェイで彼が作曲したミュージカル《ウエスト・サイド・ストーリー》が大ヒットしていたのだ。ミュージカルという大衆音楽とクラシックの両方の世界で、バーンスタインは四十歳を前にして頂点に立ってしまった。そし

バーンスタイン

て二者択一を迫られた彼は、クラシックを選んだ。もしミュージカルを選んでいたら、もっと多くの傑作が生まれたかもしれない。

レナード・バーンスタインは一九一八年にウクライナからのユダヤ人移民の子として生まれた。両親とも音楽家ではなく、豊かでもなかった。バーンスタインが音楽の勉強を始めるのは、他の天才たちよりはだいぶ遅く、十歳からだ。現在の日本でも、プロのピアニストやヴァイオリニストになるには三歳から五歳で始めるのが常識なので、十歳から始めて一流のピアニストになったバーンスタインがいかに天才であり努力の人であるかが分かる。

バーンスタインはハーバード大学・カーティス音楽院で学び、ピアニストだけでなく、指揮者、作曲家になるための勉強もした。

一九四三年に名門オーケストラであるニューヨーク・フィルハーモニックのアシスタント指揮者に雇われた。これは雑用係のようなもので、本番のコンサートで指揮するチャンスはめったにない。だが、奇蹟《きせき》が起きた。指揮する予定の当時の巨匠ブルーノ・ワルターが急病となり、急遽《きゅうきょ》、バーンスタインがぶっつけ本番で指揮することになり、彼は見事にこれを成功させたのだ。そのコンサートはラジオ中継もされ、録音が遺《のこ》っている。

このセンセーショナルな成功でバーンスタインの名は一躍、有名になった。だが、それですぐに道が開けるほど、「アメリカン・ドリーム」は甘くない。先輩指揮者の妬《ねた》みもあり、バーンスタインは指揮する機会がなかなかなかった。一方、作曲家としても交響曲を書いて発表したが、期待したほどの評判にはならない。一方、ブロードウェイでは一九五三年の《ワンダフル・タウン》が大成功した。うまくいきだすと、すべてがうまくいく。五七年に《ウエスト・サイド・ストーリー》が大ヒットし、ニューヨーク・フィルハーモニックの音楽監督にもなった。

ニューヨーク・フィルハーモニックとは、膨大なレコーディングもした。もちろん、世界中をツアーでまわった。テレビのレギュラー番組も持っていた。一九七〇年代になるとフリーの指揮者として、ウィーン・フィルハーモニーをはじめ世界中に客演した。

バーンスタインは民主党支持者としてもよく知られ、ケネディ大統領とは個人的にも親しかった。平和運動家、核兵器反対運動家でもあり、音楽活動を通して平和を訴えた。

クラシックのシリアスな曲の作曲家で、ミュージカルの作曲家で、指揮者でピアニストで、テレビ司会者で教育者——とさまざまな顔を持つが、ようするに、バーンスタインはアメリカのスーパースターだった。

バーンスタイン自身は、しかし、何よりもクラシックの作曲家として認められたかったようだ。だから、指揮の活動の合間に作曲活動も続けていたが、思うようには曲が作れなかったし、作っても、評価は低かった。結局、クラシックの作曲では《ウエスト・サイド・ストーリー》ほどの成功は得られず、その点では不遇だった。

98 ミュージカル

レナード・バーンスタイン作曲の《ウエスト・サイド・ストーリー》は、ブロードウェイ・ミュージカルとして作られた作品だ。その初演から三十年近く経った一九八四年、バーンスタインはホセ・カレーラスやキリ・テ・カナワといったオペラ歌手を起用して、自らの指揮でこの作品をレコーディングした。このときのメイキング映像がDVDになっているが、音楽ドキュメンタリーの傑作である。そのなかで、バーンスタインは自画自賛して「いま気づいたのだが、これはクラシックだ」という趣旨のことを言う。

このレコードはベストセラーとなったが、映画でこの作品に親しんでいる人にとっては、カレーラスたちの歌唱法に違和感を抱かざるをえなかったようだ。同じ音楽を主体とした劇でありながら、オペラとミュージカルは、やはり異なるジャンルのようである。

ミュージカルの起源がオペラであることは間違いない。イタリア、フランス、ドイツで発展したオペラが、アメリカに渡り、独自の発展をしたものだ。

現在、イタリアやドイツではほとんど新作のオペラがないのに、ミュージカルは毎年話題作が出ているわけだから、巨視的にみれば、オペラの中心が、バロック時代はイタリア、それからフランスやドイツに移動し、二十世紀になってからはアメリカになったともいえる。

ミュージカルがオペラと決定的に違う点としては、ダンスが重視されていることだ。もちろん、オペラにも登場人物が踊るシーンはあるが、それはドラマのなかで必要があって（たとえば、舞踏会のシーンとか）踊っている。だが、ミュージカルの場合は、ダンスそのもので表現しているのである。劇の上では別に踊る必要はないのに、踊りながら会話も交わし、ドラマが進行していくのである。

歌唱法も、オペラとミュージカルでは異なる。ミュージカルの歌唱は、基本的にはポピュラー・ソングと同じ発声法である。したがって、ミュージカルは映画にしてもあまり違和感がないが、オペラを映画にすると、その歌唱法がリアルな映像とかけ離れ、違和感が発生する。オペラ映画が興行的に成功しないのは、歌唱法が映画の方法論にマッチしないからであろう。

その逆の例が、一九八六年のミュージカル映画『オペラ座の怪人』。この作品は、オペラ歌手を主人公にしたミュージカルという複雑な構造を持つものだが、二〇〇四年に映画化された際、クラシック関係者は、オペラ歌手という設定の歌手がポピュラー・ソングの発声法で歌っているのに仰天したものである。「あんなのオペラ歌手じゃない」という批判があったが、もともとオペラ歌手ではないのだから、ないものねだりというものだった。もし、『オペラ座の怪人』を、オペラ歌手を起用して映画化したら、映画としては成立しなかったであろう。

99 映画音楽

「映画で使われたクラシック」というCDが何種類も出ているように、既存のクラシック音楽を映画に使う例は多い。なかでも、スタンリー・キューブリック監督作品はクラシックがよく使われているので知られている。フランシス・コッポラ監督の『地獄の黙示録』（一九七九）での《ワルキューレの騎行》も有名だ。

「映画音楽」と呼ばれているジャンルがある。映画のために作曲された音楽である。キューブリック監督の『二〇〇一年宇宙の旅』のように既存の名曲を使うのはむしろ例外で、ほとんどの映画は、その作品のための曲が書き下ろされる。映画音楽の作曲家としてはジョージ・ルーカス監督の『スター・ウォーズ』のジョン・ウィリアムズや、『ゴッドファーザー』のニーノ・ロータなどが有名だが、実はクラシックの作曲家も、かなりこの映画音楽の仕事をしているのである。

初期の映画はサイレントなので、音楽はない。だが、それぞれの映画館には楽隊がいて、映画に合わせて音楽を演奏していた。その時代に映画のための仕事をしていた作曲家には、フランスでは、オネゲル、ミヨー、サティ、ドイツではヒンデミット、ソ連ではショスタコーヴィチなどがいる。ショスタコーヴィチはトーキーになってからも、数多くの映画音楽を作曲している。

ドイツでナチスが政権をとり、ユダヤ人への弾圧が始まると、多くの文化人がアメリカへ亡命していった。そのなかには音楽家も多く、彼らはハリウッドに雇われ、映画音楽の基礎を築くのである。

一九六〇年代あたりから映画音楽も電子楽器を使うようになり、ポップス系の映画音楽も多くなるが、昔の映画はオーケストラによる音楽が、ほぼ最初から最後までずっと流れている。これは、オペラのひとつの発展形でもあるのだ。

ハリウッド映画の映画音楽のパターンを確立したとされるのが、マックス・スタイナー。『風と共に去りぬ』が代表作である。

スタイナーがオペラから映画に導入した手法は二つある。「アンダースコア」と「ライトモティーフ」である。アンダースコアとは、今日では当たり前になっているので逆に説明するのが難しいが、俳優がセリフをしゃべっているバックに流れている音楽のことだ。「セリフの下」という意味でアンダースコアという。スタイナーは、アンダースコアを付けることによって映像と言葉（セリフ）と音楽が相乗効果を生み、より劇的になると主張したのだが、最初のうちは監督たちに理解されなかったという。当初の映画は、現実音として画面に登場している人が演奏するもの以外の音楽は存在しなかったのである。

スタイナーが考えていた理想のアンダースコアは、映画を見終わった観客が、音楽が流れていたことに気づかないような音楽だった。あくまで劇的効果を高めるためのものでなければならないのだ。

もうひとつのライトモティーフは「示導動機」と訳されるが、ワーグナーが開発した手法である。簡単にいえば、登場人物や出来事に別の旋律を作り、物語の展開を示す方法だ。ある人物が出てくるときはその人の音楽が流れる、というもの。

スタイナーもドイツから来たが、彼に続いてハリウッドに来たのがコルンゴルト。ジョン・ウィリアムズが『スター・ウォーズ』の音楽を作るときに参考にした人である。スタイナーもコルンゴルトもドイツの後期ロマン派に属する作曲家で、その伝統がハリウッド映画に流れ込んだのである。

あとがき

「世界史」全般を書いた本も好きだが、国別の歴史、「ドイツ史」とか、「フランス史」などの本も、よく読む。この本はそういう各国史のひとつ、「クラシック音楽国」の「歴史」のつもりで書いた。

どの国の歴史も神話とも伝説ともつかぬ話から始まり、「建国の父」がいて、近代国家となるために革命や内戦を必要として……という歴史を辿《たど》る。そこには建国の英雄がいて、独裁者がいて、革命家が生まれ、異端児もいれば、挫折《ざせつ》した反逆者なども出てくる。我がクラシック音楽国も、似たような展開をして、こんにちにいたっている。

このクラシック音楽国は、四百年の歴史しかないとはいえ、地理的には地球全体にまたがるので、一冊の本ですべてを語ることなど、とうていできない。他の入門書に出てくるような大音楽家で本書では項目を立てなかった人は、何人もいる。演奏家でも、カラヤンとバーンスタインがあるのになぜフルトヴェングラーがないと怒る人もいるだろうし、ピアニストならホロヴィッツだろうとの意見もごもっともだし、なぜピアニストだけでヴァイオリニストはないのかとか、ソプラノがいるならテノールはどうしたとか、目次を眺めるだけで、マニアならばいくらでもツッコミができる。シンフォニー中心で、オペラや声楽曲が少ないし、室内楽、器楽曲も少ないと自覚している。すみません、すべて、分かっております——としか言いようがない。どこかで割り切るしかないのである。ご理解いただきたい。

本書は二〇一三年に七つ森書館から『クラシック音楽の歴史』として出した本を、全面的に見直し構成にも手を入れて加筆したものだ。七つ森書館版では八八項目だったが、九九になっている。

写真

P.265：Ullstein bild／アフロ
P.41、262、278、281：AP／アフロ
P.272：Everett Collection／アフロ
P.259、286：Universal Images Group／アフロ
P.96、267：ロイター／アフロ
P.275：Photofest／アフロ

本書は『クラシック音楽の歴史　88の人と事件と言葉』（七つ森書館）に大幅な加筆修正を加えて、文庫化したものです。

クラシック音楽《おんがく》の歴史《れきし》

中《なか》川《がわ》右《ゆう》介《すけ》

平成29年 9月25日　初版発行
令和5年 10月15日　22版発行

発行者●山下直久

発行●株式会社KADOKAWA
〒102-8177　東京都千代田区富士見2-13-3
電話　0570-002-301(ナビダイヤル)

角川文庫 20554

印刷所●株式会社KADOKAWA
製本所●株式会社KADOKAWA

表紙画●和田三造

●お問い合わせ
https://www.kadokawa.co.jp/（「お問い合わせ」へお進みください）
※内容によっては、お答えできない場合があります。
※サポートは日本国内のみとさせていただきます。
※Japanese text only

ISBN978-4-04-400261-9　C0173

◆◇◇

角川文庫発刊に際して

角川源義

第二次世界大戦の敗北は、軍事力の敗北であった以上に、私たちの若い文化力の敗退であった。私たちの文化が戦争に対して如何に無力であり、単なるあだ花に過ぎなかったかを、私たちは身を以て体験し痛感した。西洋近代文化の摂取にとって、明治以後八十年の歳月は決して短かすぎたとは言えない。にもかかわらず、近代文化の伝統を確立し、自由な批判と柔軟な良識に富む文化層として自らを形成することに私たちは失敗して来た。そしてこれは、各層への文化の普及滲透を任務とする出版人の責任でもあった。

一九四五年以来、私たちは再び振出しに戻り、第一歩から踏み出すことを余儀なくされた。これは大きな不幸ではあるが、反面、これまでの混沌・未熟・歪曲の中にあった我が国の文化に秩序と確たる基礎を齎らすためには絶好の機会でもある。角川書店は、このような祖国の文化的危機にあたり、微力をも顧みず再建の礎石たるべき抱負と決意とをもって出発したが、ここに創立以来の念願を果すべく角川文庫を発刊する。これまで刊行されたあらゆる全集叢書文庫類の長所と短所とを検討し、古今東西の不朽の典籍を、良心的編集のもとに、廉価に、そして書架にふさわしい美本として、多くのひとびとに提供しようとする。しかし私たちは徒らに百科全書的な知識のジレッタントを作ることを目的とせず、あくまで祖国の文化に秩序と再建への道を示し、この文庫を角川書店の栄ある事業として、今後永久に継続発展せしめ、学芸と教養との殿堂として大成せんことを期したい。多くの読書子の愛情ある忠言と支持とによって、この希望と抱負とを完遂せしめられんことを願う。

一九四九年五月三日

至高の十大指揮者

中川右介

交響曲と好敵手が紡ぎだす人間ドラマ
——10人のマエストロたちの人生

「三大指揮者」と称されたトスカニーニ、ワルター、フルトヴェングラーから現代の巨匠ラトルまで。無数の指揮者のなかから10人を選び、どうキャリアを積み上げ、何を成し遂げたかという人生の物語を提示する。

9784044004750